식탁은 에피쿠로스처럼

식탁은 에피쿠로스처럼

탐식이 괴로운 이들을 위한 음식 철학

안광복

Eat like Epicurus

북트리거

에피쿠로스의 식용 돼지 가운데
가장 살찐 놈

『로마 제국 쇠망사』로 유명한 역사가 에드워드 기번이 '절친'인 철학자 데이비드 흄을 놀리며 한 말이다. 흄은 체구가 넉넉하고 혈색이 좋았다. 성격 또한 매우 유쾌해서, 프랑스 사교계에서는 늘 귀부인들에게 둘러싸여 있곤 했다. 기번의 짓궂은 농담도 흄은 가볍게 받아쳤다. "나는 귀부인들의 남편과 어머니를 불안하게 하지 않으면서도 친하게 지낼 수 있는 용모를 갖추고 있다네."

만약 사람들이 나에게 '당신은 에피쿠로스의 식용 돼지 같다'고 놀리면 어떨까? 나는 과연 웃어넘길 수 있을까? 나의 몸무게와 뱃살은 이미 흄의 수준을 넘어서고 있지만, 그이처럼 너그럽기는 어려울 듯싶다. 왜 그럴까? 이유를 찾기는 어렵지 않다.

먼저 과체중은 당연히 건강에 좋지 않다. 게다가 뚱뚱한 몸은 자기관리에 소홀한 사람이라는 인상을 줄 터다. 그러니 늘어나는 체중에 예민할 수밖에 없겠다. 이십 대 후반 즈음부터, 나는 줄곧 다이어트를 시도했다. 그러나 몸무게 변화는 언제나 우상향 곡선을 그리기만 했다. 딱 한 번, 다이어트에 성공한 적이 있기는 하다. 그렇지만 부작용이 너무 컸다. 배고픔에 시달린 나머지, 온종일 짜증 부림에다 '뒤끝 작렬'인 인격 파탄자가 되어 버린 것이다. J. S. 밀은 "배부른 돼지보다 배고픈 소크라테스가 낫다."라고 했던가. 나는 그냥 '배고픈 돼지'였을 뿐이다. 배에 찬 지방의 양이 원래 수준으로 되돌아온 후에야 '깨진 그릇처럼 날카롭던' 내 성질도 잠잠해졌다.

작가들을 만날 때마다 실망할 때가 종종 있다. 글에는 고상한 인격과 따뜻한 위로가 가득했다. 하지만 정작 글쓴이는 까칠했고 눈썹 사이로 깊은 주름을 잡으며 인상을 구기곤 했다. 처음에는 적잖이 실망했지만, 이런 경험이 거듭되면서 나에게도 깨달음이 생겼다. 작가는 독자를 위해 글을 쓰지만은 않는다. 무엇보다 자신을 보듬고 '치유'하기 위해 붓끝을 모은다. 집필은 무척 힘든 작업이다. 삐뚤어진 자기 성품 때문에 얼마나 고통스러웠으면, 모든 어려움을 이겨 내며 작품을 매듭지었겠는가.

내가 탐식에 대한 책을 쓴 이유도 마찬가지다. 나는 실패한 다이어터다. 그러나 식탐을 다스리고 몸매를 관리하며 성격을 다독이는 일이 너무나 절박하기에 이 책을 쓴 것이다. 비슷한 고뇌에 오랫동안 시달려 온 독자라면, 나의 분투에 공감하며 혜안을 얻을지도 모르겠다.

나는 집필하기에 앞서 참고가 될 만한 책들을 따로 모아 놓곤 한다. 자료들을 정리하며 무척 놀랐다. 헤아려 보니 음식과 관련해 읽었던 책들이 100권을 훌쩍 넘겼던 탓이다. 서책 목록을 훑어보며 또한번 '현타'가 왔다. 책의 주제는 반으로 갈렸다. 한쪽은 '맛집'과 '음식을 맛깔스럽게 하는 이야기'들, 다른 한편은 '다이어트'와 '수양으로 식탐 다스리기'에 대한 것들이었다. 한편에서는 탐식을 좇으며 다른 한편으로 절식을 바라다니, 이런 완벽한 모순이 어디 있겠는가! 운전하며 가속페달과 브레이크를 동시에 밟는 셈이다. 그 결과는 급발진일 수밖에 없겠다. 나의 다이어트 시도가 왜 늘 폭식으로 끝났는지가 절절하게 다가왔다.

이런 모습은 나 개인에서만 그치지 않는다. 우리 문화도 마찬가지다. 맛집과 음식 이야기는 곳곳에서 넘쳐 난다. 그러면서 다이어트와 체형 관리도 검색에서 높은 순위를 차지한다. "식단을 바꾸고 싶다면, SNS를 멀리하세요." 다이어트를 할 때 늘 듣던 충고다. 소음이 너무 많은 시대, 지혜를 얻고 싶다면 눈과 귀를 일단 닫아야 한다. 그리고 진정 깊은 지혜에 마음을 기울여야 한다. 음식에 대한 철학을 살펴보아야 하는 이유다.

철학자들의 주장마다에는 섭생과 식사법에 대한 이야기들이 빠지지 않곤 한다. 그들과 음식에 얽힌 일화도 적지 않다. 이유가 뭘까? 마음을 다스리고 생활을 추스르는 데는 올바른 식습관이 무척 중요한 까닭이다. 수도자들이 왜 소박한 밥상을 고집하는지 떠올려 보라.

에피쿠로스는 절제 있는 식사로 유명했다. "빵과 물만 있어도 신이 부럽지 않고", "하루에 음식을 장만하는 데 1므나의 돈도 쓰지 않으며, 그나마 대부분은 물만 마시는 생활을 즐겼던" 철학자다. 그런데도 그의 이름에서 온 영어 단어 '에피큐어(epicure)'는 '식도락가'를 뜻한다. 왜 그럴까?

에피쿠로스는 탐식을 제대로 즐겼던 사람이다. '단짠'에 익숙한 혀는 진짜 맛있음이 뭔지 모른다. 내 안의 짐승이 시키는 대로 달고 짜고 기름진 맛에 정신없이 매달릴 뿐이다. 반면에 건강한 맛을 아는 사람은 신선하고 몸에 좋은 재료가 주는 풍미를 즐긴다. 이들에게 달고 짠 음식은 되레 역겹고 불쾌하게 다가갈 터다. 에피쿠로스는 물과 빵이라는 가장 단순하고 소박한 먹거리에서도 풍성한 식탁의 기쁨을 누렸다. 어떻게 이럴 수 있었을까?

현대인은 에피쿠로스의 식사 메뉴가 무엇인지만 눈여겨본다. 하지만 우리는 그의 식탁에는 언제나 우정과 사색이 넘쳐 났음을 기억해야 한다. 결국 건강하고 훌륭한 입맛은 좋은 생활과 바람직한 습관에서 우러나온다. 건전한 생활이 건강한 입맛을 부르고, 튼실한 식사는 탄탄한 몸과 견실한 정신을 만들며 올곧은 습관으로 우리를 이끈다. 최고의 식도락가 에피쿠로스에게서 배워야 할 점이다. 책 제목을 '식탁은 에피쿠로스처럼'이라고 정한 까닭이다.

이 책에서 내가 말하고자 하는 '탐식의 철학'은 다음과 같다.

첫째, 달고 짜고 기름진 음식 말고 진짜 나에게 좋은 먹거리를 맛있다고 느끼는 입맛을 갖춘다면,

둘째, 식사 시간을 좋은 사람과 정을 나누는 따뜻한 분위기로 채운다면,

셋째, 음식에 예의를 갖추며 제대로 상을 차리고 천천히 먹는다면,

넷째, 한때 생명이었을 모든 먹거리에 감사한 마음을 갖는다면,

좋은 삶을 누릴뿐더러 탐욕과 다툼으로 가득한 우리 문명도 평화롭고 따뜻해질 것이다.

'약식동원(藥食同源)'이라는 말이 있다. 원래 약과 음식은 하나라는 의미다. 제대로 된 음식을 가려내 잘 먹을 때, 모든 먹거리는 우리에게 보약이 된다. 이렇게 되려면 달고 짜고 기름진 맛에 휩쓸리는 혀의 외침에 담담해지며, 머리와 가슴으로 내가 먹는 음식의 의미를 헤아려야 한다. 데이비드 흄에 따르면, 철학이란 '일상을 반성케 하여 이따금 생활 태도를 교정하는 것'이다. 원고가 완성될수록 내 입맛과 몸과 마음도 조금씩 건강함에 가까워지고 있다. 독자분들께도

『식탁은 에피쿠로스처럼』이 건강한 식습관을 다듬는 출발점이 되었으면 좋겠다.

'쿠타타 엠자네니(kuthatha emzaneni)', 아프리카 줄루족의 속담으로 '한 마을이 필요하다'는 뜻이다. 먼저, 집필을 제안하고 필자의 부족한 원고를 아름다운 책으로 변신시켜 준 윤소현 편집장께 고마움을 전한다. 이십 년 지기(知己)답게 나의 장단점을 구석구석까지 안은 윤편집장은 최고의 편집 실력으로 언제나처럼 섬세하게 원고의 빈자리를 채워 주셨다. 늘 마감을 지키지 못해 애를 태워 드렸던, 고교독서평설의 남궁경원 팀장께도 사과와 감사를 드리고 싶다. 팀장님의 친절한 인내가 없었다면, 나는 오래전에 먼지처럼 사라진 필자였으리라. 두 분께 훌륭한 탐식을 위한 좋은 먹거리를 대접하고 싶다.

얼마 전 아버지가 많이 아프셨다. 부모님에 대한 불효(不孝)가 새삼 크게 다가왔다. 어느덧 팔순의 시기를 맞고 계신 두 분이 건강하시길, 오랫동안 행복하시길 진심으로 기원한다. 막내아들이 쓴 이 책이 부모님들께 작은 기쁨이라도 되었으면 좋겠다. 나아가, 이 책은 근육질 청년이 되어 무사히 제대한 장조카 종훈이에게 전하는 선물이다. 내 삶의 보석인 종석과 지원, 그리고 아내에 대한 따뜻한 사랑은 표현할 방법이 없다.

2021년 가을
안광복

애피타이저
Appetizer

먹방과 혼밥의 시대

왜 나는 늘 다이어트에 실패할까?

자연에는 '단짠'이 없다

단맛, 짠맛, 그리고 기름진 맛. 이 셋은 '치느님의 맛 공식'이라고 할 만하다. 맛있는 치킨에는 설탕과 소금, 지방이 조화롭게 버무려져 있지 않던가. 꼭 치킨이 아니더라도 이 세 가지 맛을 한꺼번에 안기는 음식은 다 맛있다. 이른바 '단짠'이라 불리는 먹거리들이다.

왜 우리는 달고 짠 음식에 끌릴까? 사실 자연 상태에서는 달면서도 짜고 기름지기까지 한 먹거리가 없다. 과일같이 달거나, 생선처럼 간간하거나, 돼지고기처럼 기름지거나 할 뿐이다. 제각각 놀던 세 가지 맛의 '합체'는 우리 혀를 황홀하게 하는 '요리 혁명'을 낳았다. (지금의 '맛집', '먹방' 유행도 이것의 연장선이겠다.) 하지만 이는 우리 건강에 재앙이 되었을 뿐이다. 왜 그럴까?

혀의 기능은 원래 상한 음식을 가려내는 데 있다. 싱싱한 먹거리를 베어 물면 군침이 돈다. 그렇지만 맛이 간 음식은 역하게 구역질을 일으킨다. 나아가 양분이 많은 음식은 맛깔스럽지만, 영양가가 떨어지는 먹거리는 입맛을 잃게 만든다. 이 때문에 우리는 입에 끌리는 음식은 먹고 혀가 밀어내는 음식은 멀리하게 된다. 이대로만 해도 몸은 필요한 영양분을 얻으며 건강하게 될 테다.

하지만 식품과 관련한 온갖 과학기술·산업이 발전한 현대사회에는 상황이 달라졌다. 우리의 혀를 속이는 온갖 향신료와 첨가물이 넘쳐 나는 까닭이다. 정크푸드, 불량 식품일수록 더 맛있고, 건강에 좋은 음식들은 되레 밍밍하게 느껴진다.

이제는 좋은 음식인지 아닌지를 혀만 믿고 판단해서는 안 된다. 식품 포장지에 적힌 유통기한부터 먼저 살피고 난 뒤 성분 분석표를 꼼꼼히 읽으며 칼로리가 얼마나 되는지, 어떤 재료들이 들어가 있는지도 따져 봐야 한다. 미국의 작가 마이클 폴란Michael Pollan은 이런 모습을 '영양주의'라고 부른다. 영양주의란 '음식의 본질은 어떤 영양 성분을 담고 있는지에 있으며, 이것은 과학적 분석으로만 제대로 알 수 있다'는 생각을 말한다.

먹고 싶은 대로 먹지 말라

우리는 먹고 싶은 대로 먹으면 안 된다. 식품공학자, 영양사, 의사 같은 전문가들의 조언에 따라 신중하게 음식을 가려 먹어야 한다. 물론 보다 현명한 자들의 조언에 따라 음식을 가려 먹는 풍경이 현대에 갑자기 등장한 것은 아니다. 음식에 대한 충고와 가르침은 인류 역사에 항상 있어 왔다.

예컨대 불교에서는 탐진치(貪瞋痴, 탐욕, 성냄, 어리석음)를 인생을 망치는 삼독(三毒, 세 가지 독)으로 경계한다. 이 가운데 탐욕의 대표 격은 '식탐'이다. 게다가 음식에 대한 욕심은 뭐가 진정 좋은지를 모르는 어리석음에서 비롯된 측면도 있다. 먹거리를 향한 욕심 탓에 꾸지람을 들으면 벌컥 화를 내기도 한다. 그래서 불교에서는 입맛 당기는 대로 먹지 말고 우리 몸과 정신을 맑고 건강하게 만드는 음식을 챙기라고 충고한다.

이 점은 유교 문화에서도 다르지 않다. 유교에서는 배고프다고 허겁지겁 먹는 모습을 한심하게 여긴다. 무릇 음식을 먹을 때는 격식과 품격이 있어야 한다. 예를 들어 웃어른이 수저를 든 뒤에 음식을 들고, 맛있어도 식탁에 앉은 다른 사람들을 위해 양보할 줄 알아야 한다. 서양에서도 먹어야 할 식품의 종류를 정하고 식탁 예절을 강조하는 전통은 꾸준히 있어 왔다. 따지고 보면 인류 문명은 언제나 사람들에게 먹고 싶은 대로 먹지 말고, 먹어야 하는 대로 먹으라고 가르쳐 온 셈이다. 하지만 현대의 영양주의는 전통적인 '식사 가이드'와 전혀 다른 측면이 있다.

입맛의 반란, 영양주의에 맞서다

포크와 나이프로 하는 모든 식사 예절이 점차 사라지고 규율 없이 아무렇게나 먹고, 장소를 가리지 않고 아무 데서나 먹는 식사 태도가 자리 잡는 현상을 어떻게 설명하겠는가? 무엇이 어떤 냄새가 나고 어떤 맛이 나는지 더 이상 의식하지 못하고 먹을 때가 많다. 모든 음식에 소스로 끼얹어지는 케첩이나 마요네즈 유형은 아무 맛도 없는 음식을 만들어 낸다. 음식에 집중하지 않고 먹으면 결국 과도한 음식 소비와 과체중을 부른다.[1]

『음식의 심리학』에 소개된, 스위스의 문화학자 발터 라임그루버 Walter Leimgruber의 말이다. 불과 10여 년 전만 해도 당당하게 '혼밥' 하는 풍경이 낯설었다. '먹방'은 말할 나위도 없다. 남의 먹는 모습을 엿보며 재밌어하다니, 얼마나 변태(?)스러운 광경인가! 하지만 이제는 혼밥을 되레 당연하고 편하게 여기는 사람이 많다. 먹방도 젊은 이들의 자연스러운 볼거리로 자리 잡았다.

이 모두에는 '영양주의'가 은근하게 깔려 있다. 이른바 '영양주의자'들은 혼밥과 먹방을 불편하게 보는 이들에게 이렇게 따질지도 모르겠다. 식사는 필요한 영양분을 섭취하는 일이다. 그렇다면 소화 잘되게 마음 편히 먹는 편이 낫지 않을까? 때마다 불편하게 사람들과 시간, 장소를 맞춰서 먹어야 할 까닭이 뭐란 말인가? 게다가 먹는 일은 몸에 양분을 주는 즐겁고 유익한 작업이다. 이를 '놀이'처럼 보고 즐기는 일이 뭐가 잘못되었다는 건가? 곰곰이 따져 보면 틀린 말은 아닌 듯싶다. 하지만 영양주의는 음식이 단지 양분 덩어리만은 아니라는 당연한 사실을 놓치고 있다.

전통적인 프랑스의 식단은 영양학적으로 문제가 많다. 지방이 지나치게 많은 데다, 끼니때마다 술(포도주)까지 곁들인다. 그리스 같은 지중해 지방의 식탁도 별다르지 않다. 영양학에서는 보통 식사에서 지방 비율이 30%를 넘지 않도록 하라고 권장하지만, 그리스인의 식사는 그 비율이 40% 가까이 된다. (물론 불포화지방의 비율이 높기는 하다.) 그런데도 지중해식 상차림과 프랑스 음식은 세계적으로 가장 건강한 식단으로 꼽힌다. 피자와 스파게티의 본고장인 이탈리아의 음식도 무척 고열량이다. 하지만 그들 가운데는 똑같은 이름의 음식을 먹는 미국인보다 훨씬 날씬한 이가 많다. 왜 그럴까?

마이클 폴란은 건강한 식습관을 갖추고 싶다면 음식만큼이나 '먹는 방식'에 주목해야 한다고 말한다. 전통적인 프랑스나 지중해식 식사 시간은 길고 느긋하다. 대화하며 천천히 먹기에 먹는 양도 자연스레 줄어들게 마련이다. 먹는 동안 허기가 서서히 가시기 때문이다. 반면에 화면을 들여다보며 허겁지겁 피자 같은 고칼로리 음식을 입에 쓸어 넣을 때는 어떨까? 위장이 꽉 차서 두뇌가 포만감을 느낄 때까지는 20여 분의 시간이 필요하다. 배부름을 느끼기도 전에 정신없이 먹어 댄 음식은 고스란히 위를 늘려 놓고 뱃살을 쌓이게 한다. 이런 식습관이 건강에 좋을 리도 없다.

어느 사회에나 사람들이 오랫동안 먹어 왔던 전통적인 식단이 있다. 아울러 이를 어떻게 먹어야 하는지에 대한 음식 문화도 자리 잡혀 있다. 그러나 세계화된 세상에서는 다르다. 우리는 마음만 먹으면 중국, 일본, 대만, 베트남 등 어느 곳의 음식이라도 손쉽게 먹을 수 있다. 이를 어떻게 먹어야 할지 눈치를 보며 전전긍긍할 필요도 없다. 많은 음식이 패스트푸드처럼 쉽게 먹을 수 있도록 '현지화'된 덕분이다.

이런 상황에서 음식에 대한 자제력을 갖기란 쉽지 않다. 전통적인 음식 문화에서는 먹는 방식이나 분위기가 식사량을 조절하는 역할을 했지만, 지금은 개개인이 알아서 칼로리를 조절해 가며 먹어야 한다. 이것이 다이어트 프로그램이나 앱들이 크게 늘어나는 이유이기도 하다. 그렇지만 혼자 음식 칼로리를 확인하고 계산하며 먹는 건 쉬운 일이 아니다.

거기에 영양 성분까지 따져 건강한 먹거리를 선택하기란 더더욱 어렵다. 진짜 사과보다 사과 향료만 들어 있는 사과주스를 더 좋아하고, 고기반찬보다 값싼 스팸이 식단에서 보이면 열광하는 이들이 얼마나 많은가?

'어떤' 음식을, '어떻게', '누구'와 먹어야 할까?

"당신이 무엇을 먹는지 말해 달라. 그러면 당신이 어떤 사람인지 말해 주겠다."

프랑스의 법률가이자 미식가 장 브리야사바랭Jean A. Brilat-Savarin의 유명한 말이다. 이 말을 뒤집으면 내가 어떤 사람처럼 되고 싶다면, 그 사람이 먹는 것처럼 먹어야 한다는 뜻도 된다. 음식은 단순히 영양 덩어리가 아니다. '밥상머리 교육'이라는 말이 있듯 우리는 식탁에서 예절을 배운다. 게다가 "언제 밥 한번 먹자."라고 말하며 식사를 통해 관계를 가꾸기도 한다. 나아가 제사나 성찬식처럼 음식을 통해 문화의 고갱이를 확인하고 드러내기도 한다.

안타깝게도, 현대사회에서 먹거리는 필요한 '칼로리 채우기'와 혀의 즐거움 그 이상도 이하도 아닌 것으로 바뀌어 가고 있다. 이런 상황이 계속된다면 인간 사회는 어떻게 바뀌어 갈까? 변화된 인류 사회는 과연 아름답고 바람직할까?

이 책에서 우리는 '먹방과 혼밥의 시대'에 바람직한 먹거리와 음식 문화를 철학적으로 탐색해 볼 것이다. 가장 중요한 진실은 평범하고 당연한 일상에 숨어 있다. 우리가 즐겨 먹는 음식들을 탐색하다 보면 현대문명이 안고 있는 문제와 한계가 하나씩 드러날 것이다. 아울러 한 끼 식사가 나의 미래를 바꾸는 소중한 의식(ritual)이 될 수 있다는 사실도 깨닫게 될 것이다. 나는 다음과 같은 물음을 바탕으로 우리의 음식과 음식 문화를 체계적으로 탐색해 나가려 한다.

'어떤' 음식을 먹어야 할까? - 음식의 윤리학
'어떻게' 먹어야 할까? - 음식 문화학
'누구'와 먹어야 할까? - 음식 정치학

단맛, 짠맛, 기름진 맛에 황홀해하는 혀처럼, 우리 두뇌가 이 세 가지 물음에 깊이 매료되어 탐색할 수 있다면 우리의 삶과 미래는 크게 바뀔 것이다.

PART 1

달콤한 가짜의 맛

비만은 왜 전염병이 되었을까?

내 화요일에는 고기가 없고,
나의 커피는 달지 않다네

제1차 세계대전 당시, 유럽에서는 온갖 '가짜 음식'이 판쳤다. 시장에는 옥수수와 감자로 만든 달걀, 쌀로 '빚어낸' 양고기 토막이 등장했다. 심지어 이런 가짜 달걀로 만든 대용 스테이크까지 출현했다. 독일 베를린의 카페에서는 빻은 호두 껍데기가 '대용 커피'라는 이름으로 버젓이 팔렸고, 식탁 위에는 멋진 용기에 재를 담은 '대용 후추'가 놓여 있곤 했다. 그 시절에는 왜 이렇게 대용 식품(ersatz)이 넘쳐났을까?

이유를 찾기는 어렵지 않다. 식량이 턱없이 부족했던 탓이다. "내 화요일에는 고기가 없고, 나의 커피는 달지 않다네." 그 당시 영국 유행가 가사의 한 구절이다. 대용 먹거리가 진짜 음식보다 맛있을 리 없었다. 심지어 독일에서는 '대용병(病)'이 돌았다. 허접한 재료로 만든 가짜 음식들을 먹는데 왜 탈이 나지 않겠는가? 그래도 사람들은 헛헛한 혀를 만족시키기 위해 갖은 애를 다 썼다. '돼지 다리로 칠면

조 맛을 내는 법', '새우와 청어알을 섞어 가짜 게살 샌드위치를 만드는 법' 등등, 그 시대 요리책에는 상대적으로 구하기 쉬운 재료로 고급 음식의 맛을 내는 비법들이 가득했다. 물론 이런 대용 먹거리들도 구하기는 무척 어려웠다.

진짜 바닐라는 어떤 맛일까?

가짜 재료로 만든 요리는 전쟁 전에도 있었다. 중산층 영국 가정에서는 가짜 거북 스프가 유행했다. 진짜 거북이 들어간 요리는 상상하기 어려울 정도로 비쌌다. 이 때문에 조금 살 만한 집에서는 손님들을 위해 삶은 송아지 머릿고기와 햄, 스위트 허브, 마데이라 와인 등으로 거북 스프 맛을 냈다. 하지만 걸쭉한 식감은 거북 스프와 비슷했어도 실제 맛에는 차이가 있었다. 그래도 대부분의 가정에서는 큰 문제가 되지 않았다. 왜일까? 진짜 거북 스프를 먹어 본 사람이 드물었기 때문이다. 진짜 음식이 어떤 맛인지 모르는데, 가짜 음식이 훌륭한지 않은지를 어찌 가릴 수 있겠는가?

사실 이런 상황은 우리에게도 낯설지 않다. 바닐라는 우리가 먹는 음식 곳곳에 들어간, 눈에 띄는 향료다. 하지만 우리는 과연 '진짜' 바닐라향이 어떤지 알고 있을까? 바닐라는 마다가스카르 등에서 주로 키우는 난초과 식물이다. 바닐라를 키우고 그 열매를 가공하는 데는 손이 무척 많이 간다. 바닐라는 그 열매를 맺게 하는 데서부터 난관이 시작된다. 꽃도 아침에만 잠깐 필 뿐 아니라, 사람 손으로 일일이 수정을 해 줘야 한다. 수정이 성공적으로 이루어졌다 해도 식재료가 되는 바닐라 빈을 쉽게 얻을 수 있는 것은 아니다. 바닐라를 가공하기까지 많은 시간이 필요하다. 강낭콩 같은 꼬투리를 하나씩 따서 살짝 데친 다음, 양모 담요 등으로 단단히 싸서 따뜻하고 수분이 많은 곳에 7~10일 정도 촘촘히 쌓아 둔다. 이 과정이 끝나면 녹색의 바닐라 꼬투리는 갈색으로 바뀌고 특유의 향이 생겨난다. 이후 낮에는 햇빛에 말리고, 오후에는 다시 상자에 넣어 놓기를 약 3~4주 반복하면 마침내 가공이 끝난다. 열매가 익는 데만 9개월, 그 뒤의 처리 과정도 무척 길고 복잡하다. 이 때문에 바닐라는 수요에 비해 매우 적은 양만 생산될 뿐이다. 한마디로 아무나 맛보기 힘든, 무척 비싼 향료라는 뜻이다.

그래도 우리 주변에는 바닐라'향' 음식들이 무척 흔하다. 1982년 미국의 향신료 회사 '매코믹^{McCormick}'은 당시 널리 쓰이던 바닐린(vanillin)이라는 합성 바닐라로, 실제와 거의 똑같은 인공 바닐라향을 만드는 데 성공했다. 액상 바닐라 몇 방울만 케이크나 아이스크림에 들어가도 향미(香味)가 확 달라진다. 콜라를 비롯한 탄산음료의 핵심 성분도 바닐라다. 여기에 값비싼 진짜 바닐라가 들어갈 리 없다. 우리가 맛보는 바닐라맛은 모두 공장에서 합성한 가짜 바닐라, 즉 바닐라향일 뿐이다.

진짜 바닐라는 수백 가지의 화합물로 이루어져 있다. 반면에 인공 바닐라에는 약 30가지의 성분만 들어 있다. 이 가운데 바닐라 열매에서 나온 것은 하나도 없다. 인공 바닐라향은 처음에는 솔방울에서, 그다음에는 펄프에서, 지금은 쌀겨에서 뽑아낸다고 한다. (이 모두는 '천연재료'이기에 음식물 성분 표시에는 당당하게 '천연향'이라고 적혀 있다.) 그렇다면 인공 바닐라는 진짜 바닐라와 맛이 똑같을까? 차이가 있건 없건 상관없다. 어차피 대부분의 사람은 진짜 바닐라 맛이 어떤지 전혀 모르기 때문이다.

시뮬라크르, 가짜는 진짜보다 못하지 않다

곰곰이 따져 보면 진짜 맛을 모른다고 해서 문제 될 것은 크게 없을 듯도 싶다. 음식은 맛있으면 그만이라는 사람도 꽤 많다. 모든 육수를 쇠고기로 고아서 만들어야 한다면 냉면은 보통 사람들이 함부로 맛보지 못할 엄청 비싼 음식일 테다. 다행(?)히도 MSG와 옥수수전분이 주된 재료인 '쇠고기맛 시즈닝' 덕택에 주머니가 가벼운 이들도 분식점에서 냉면을 쉽게 접할 수 있다. 맛 또한 '진짜 냉면'에 별로 뒤지지 않는다. 마찬가지로 '키위향', '망고향' 같은 인공 향료 덕분에 비싼 과일로 만든 주스의 '맛'을 누구나 느낄 수 있다.

게다가 향료를 만드는 기술은 점점 발전하는 중이다. 19세기 독일의 화학자 빌헬름 하르만Wilhelm Haarmann이 처음 솔방울에서 바닐린을 추출한 이후, 진짜 같은 바닐라향을 만드는 데는 100년의 세월이

걸렸다. 하지만 지금의 향미료 회사들은 어지간한 맛과 향기는 몇 주일이면 금방 대체물을 만들어 낸다. 시중에는 사과향, 딸기향은 물론 더덕향, 메밀향, 호박향, 누룽지향, 김치향까지 등장한 상태다. 심지어 커피에도 인공 '커피향'이 들어가고, 초콜릿에도 인공 '초콜릿향'을 넣는 시대다. 이렇게 하면 '진짜보다 더 진짜같이' 맛이 훨씬 진하고 뚜렷해지기 때문이다.

예전에는 가짜가 진짜보다 가치가 떨어진다고 생각했다. 하지만 과학기술이 발달한 현대사회에서는 진짜와 가짜의 처지가 뒤바뀌고 있다. 사람들은 SNS에 자신의 대표 사진(프사)을 멋지게 올리기 위해 공을 들인다. 자기 얼굴을 있는 그대로 보여 준 사진보다 훨씬 멋지고 아름답게 '포샵' 처리한 사진을 더 소중하게 여기곤 한다. 친구들이 모여 있을 때 서로 이야기하지 않고, 스마트폰의 메신저 창에 제각각 눈길을 붙여 놓은 모습도 드물지 않다. 이렇듯 가상(假像), 즉 가짜는 진짜보다 더 사람들의 관심과 사랑을 받고 있다.

이 점은 음식에서도 마찬가지다. 바나나'맛' 우유는 진짜 바나나보다 달콤하고 맛있다. 물론 대부분의 바나나맛 우유에는 진짜 바나나가 단 한 방울도 들어가 있지 않다. 지금의 인공 바나나향은 1960년대에 파나마병으로 재배가 중단된 그로 미셸(Gros Michel)이란 품종의 맛을 흉내 낸 것이다. 이는 지금 우리가 먹는 캐번디시(Cavendish)종의 바나나보다 훨씬 맛있다고 한다. 물론 우리는 실제 그로 미셸 바나나가 어떤 맛인지 모른다. 그렇다고 해서 문제 될 것이 있을까?

어느덧 음식의 세계에서도 가짜가 진짜를 넘어서고 있다. 이제는 아예 진짜가 없는 음식도 흔하다. 포카리스웨트 같은 스포츠 드링크들의 원래 맛은 무엇일까? 박카스의 원래 맛은? 당연히 없다. '시뮬라크르(simulacre)'는 '원본 없는 복제'를 뜻하는 철학 용어다. 어려운 설명을 끌고 오지 않아도 시뮬라크르의 사례들은 우리 주변에 흔히 널려 있다. 마가린은 원래 고기의 기름과 부산물로 만든 '대용 버터'였다. 그러나 지금은 마가린 자체가 버터와는 다른 독립된 식품으로 여겨진다. 미키마우스는 생쥐를 모델로 했지만, 세상에 모든 생쥐가 다 사라진다 해도 미키마우스는 여전히 미키마우스로 남을 것이다. 음식의 세계에서는 더더욱 그렇다. 바닐라나 그로 미셸 바나나처럼, 우리가 먹어 본 적도 없는 식재료를 즐겨 먹고 있다고 생각하는 것들이 어디 한둘이던가?

비만, 전염병이 되다

그러나 시뮬라크르의 시대, 가짜가 진짜를 이기는 세상이 되었다고 해도 여전히 음식만큼은 진짜가 좋다. 왜일까? 우리 몸은 '진짜'이기 때문이다. 따라서 가짜를 먹으면 몸은 탈이 날 수밖에 없다. 예를 들어 보자. 설탕 열 숟갈, 비계 한 덩이 혹은 식용유 한 컵을 통째로 삼킬 수 있을까? 어지간히 비위가 강하지 않고서는 쉽지 않다.

하지만 일상에서는 우리가 모르는 사이에 이런 일이 숱하게 벌어진다. 싸구려 음료의 성분표를 찬찬히 들여다보라. 설탕, 갈색설탕, 과당, 고(高)과당 옥수수 시럽, 꿀, 당즙⋯. 이름은 달라도 사실 '당분'이라는 점에서는 모두 똑같다. 그냥 '설탕물'이라 해도 크게 틀린 소리는 아니겠다.

여느 값싼 음식들도 사정은 마찬가지다. 치킨은 더 이상 닭 요리라 하기 어렵다. 치킨에서 닭고기는 맛을 심기 위한 '빈 캔버스' 역할을 할 뿐이다. 고기에 소금을 스며들게 하는 염지 과정을 거친 뒤, 향신료가 가득한 튀김가루를 묻혀 튀기고 설탕과 MSG, 소금이 뒤범벅된 양념 소스를 입히고 나서야 비로소 '치킨의 맛'이 완성된다.

요리에서 '지복점(bliss point)'은 음식의 만족감이 최대가 되는 지점이다. 설탕과 소금, 지방을 처음 먹을 때는 혀가 무척 끌린다. 그러나 일정량을 넘어서면 구역질이 나며 밀쳐 내고 싶은 순간이 온다. 지금의 식품공학은 지복점의 수준을 인간이 감당할 수 있는 양보다 훨씬 많이 늘려 놓았다. 아이스크림에 설탕만큼 소금도 꽤 들어간다는 사실을 떠올려 보라. 단맛에 짠맛을 입히면 단것을 훨씬 많이 먹게 된다. 기름진 음식에 단맛을 입히면 우리는 배가 불러도 끊임없이 음식 접시를 끌어당긴다. 이른바 '단짠'의 마법이다.

달고 짜고 기름진 음식은 우리 혀를 언제나 유혹한다. 나아가 설탕, 소금, 식용유는 음식 재료 가운데 가장 흔하다. 가장 싼 식재료의 하나인 밀가루에 이 셋을 입히고 여러 가지 인공 향료를 넣으면 어떤 음식이라도 맛깔스럽게 다가온다. 냉동 새우튀김 요리는 새우를 튀긴 뒤 마요네즈로 만든 소스에 굴린 것이 많다. 짭조름한 튀김옷을 입혀 기름에 튀긴 다음 지방과 설탕이 주요 성분인 마요네즈로 만든 소스를 뿌린다. 소금 위에 지방을, 그 위에 다시 지방을, 그 위에 또 설탕을… 이런 식으로 몇 겹을 덕지덕지 쌓아 올린 격이다. 여기서 새우는 그 위에 양념을 입히기 위한 빈 캔버스 구실만 할 뿐이다.

이런 음식을 먹고 살이 찌지 않는다면 이상하지 않을까? 원래 훌륭한 요리사들은 단맛을 '끌어낼 줄 안다'. 원래의 재료 맛을 최대한 살려 맛깔스럽게 만든다는 의미다. 그러나 지금 상당수 식당은 그냥 설탕을 퍼붓듯이 넣는다. 달고 짜고 기름진 음식에 길들여질수록, 사람들은 진짜 맛있는 것이 무엇인지를 잊어버린다.

원래 일본의 전통 식단은 생선과 간장, 미소 된장, 쌀, 채소를 중심으로 꾸려진다. 그러나 세계화된 일본 음식들은 다르다. 데리야끼 소스에 설탕이 듬뿍 들어가고, 스시롤처럼 새우튀김에 마요네즈를 얹고 밥을 싸는 식으로 느끼하게 변해 간다. 한식도 비슷한 처지다. 불고기나 갈비처럼 세계인의 입맛을 사로잡은 음식들은 하나같이 설탕과 소금, 지방이 그 중심을 차지하고 있지 않던가?

이제 비만은 세계적인 전염병이 되었다. 대부분 나라에서 사람들의 몸무게가 점점 늘어나고 있다는 뜻이다. 과식과 폭식은 여느 사람들의 일상적인 고민이 되었다. 이 모든 문제의 중심에는 음식의 시뮬라크르(가짜 맛)가 있다.

레모네이드에 레몬이 없고,
치즈 스낵에 치즈가 없다

1978년, 영국에서 식품을 만드는 데 들어간 치즈의 양은 2만 3,000t 남짓이었다. 1983년에는 절반 수준인 1만 3,700t 정도만 쓰였단다. 치즈맛을 내는 대용품들이 늘어난 탓이다. 예컨대 버터 플루라는 버터맛 액체는 450g으로 진짜 버터 20kg 이상의 효과를 낸다. "레모네이드에는 레몬이 없고, 치즈 스낵에는 치즈가 없다." 영국의 영양학자 캐럴라인 워커Caroline Walker는 『푸드 스캔들The Food Scandal』에서 현대 음식의 '본질'을 이 한마디로 정리한다. 세상에는 이제 설탕, 소금, 지방과 버무린 밀가루 위에 인공 향료를 뿌린 가짜 음식들이 판치고 있다.

원래 향미가 좋은 먹거리는 건강에도 좋다. 향미 자체가 몸에 필요한 어떤 성분이 있는지를 알려 주는 신호(sign) 역할을 하기 때문이다. 예컨대 잘 익은 토마토에서는 장미향과 비슷한 달달한 향기가 풍긴다. 좋은 과일 냄새의 핵심에는 페닐에탄올이 자리 잡고 있다. 페닐에탄올은 필수아미노산인 페닐알라닌으로부터 생성된 물질이다. 필수아미노산은 우리 몸에서는 만들어지지 않아서 반드시 음식으로만 얻어야 한다. 토마토 향기는 토마토가 동물에게 보내는 '몸에 좋은 성분이 여기 있어요!' 하는 외침이라 할 수 있겠다. 다른 자연의 먹거리들도 다르지 않다.

그러나 인공 향료로 맛을 낸 음식들에는 자연 상태만큼의 영양소가 있을 리 없다. 밀가루에 든 탄수화물과 설탕의 당분, 그리고 식용유의 지방 등이 잔뜩 들어 있을 뿐이다. 진짜 딸기의 칼로리는 100g당 30kcal 정도밖에 되지 않는다. 반면에 딸기맛 요구르트의 열량은 100g당 100kcal에 달한다.

우리 몸에 어떤 성분이 부족할 때 우리는 이를 채워 줄 수 있는 먹거리에 손이 가게 마련이다. 예컨대 수분이 부족하면 물이 먹고 싶고, 비타민이 부족하면 과일이 끌리는 식이다. 만약 딸기 안에 든 영양소가 필요해서 입맛이 당겼는데 '딸기향 주스'를 마셨다면 어떤 일이 벌어질까?

딸기향 주스의 주성분은 딸기가 아니다. 몸은 원하는 영양소 대신 당분만 잔뜩 섭취하게 될 테다. 여전히 몸에 부족한 성분은 채워지지 않기에 우리는 '딸기맛'에 더욱 강렬히 끌리게 된다. 그럴수록 몸은 비대해지고 건강으로부터 멀어진다. 미국식품의약국 FDA 국장을 지낸 데이비드 케슬러 David A. Kessler가 설명하는 '비만에 이르는 공식'이다.

바나나가 더 맛있으려면?

가짜 음식들이 판치는 세상에서 우리는 점점 '영양 바보'가 되어 가고 있다. 자연 상태에서는 입맛에 끌리는 먹거리가 내 몸에 가장 필요한 음식일 가능성이 컸다. 하지만 지금은 혀에 맛있는 요리가 내 몸에 꼭 필요한 성분을 담고 있다는 보장이 없다. 가짜 음식들은 진짜 음식보다 훨씬 강렬하고 맛있기 때문이다. 게다가 값까지 싸다. 이런 음식들을 계속 먹으면 건강에 좋지 않다는 사실은 가짜 음식을 파는 식품 회사들도 너무 잘 안다. 그래서 그들은 '영양 강화식품'을 내놓곤 한다. 칼슘을 강화한 아침 식사용 시리얼, 비타민이 많이 든 과일주스를 파는 식이다.

그렇지만 우리는 이런 음식들을 통해 필요한 영양소만 섭취하지 않는다. 그보다 훨씬 많은 설탕과 탄수화물을 먹게 될 테다. 더 심각한 문제는 우리에게 꼭 필요한 '진짜 음식'이 뭔지, 갈수록 모르게 된다는 것이다. 우리는 바닐라가 뭔지도 모르면서 바닐라맛을 느끼고 있으며, 산딸기를 먹어 본 적 없는 사람도 산딸기맛 음료나 과자를 맛있게 즐기고 있다. 대부분의 가짜 음식에는 원래 먹거리가 거의 담겨 있지 않다. 어쩌면 앞으로 인류는 식품영양학자들이 적어 주는 성분표만 바라볼 뿐, 무엇이 몸에 좋은지 가려낼 능력을 아예 잃어버릴지도 모른다.

지금도 바나나맛 우유는 바나나보다 맛있다. 그러나 우리는 바나나를 바나나맛 우유보다 맛있게 느낄 수 있어야 한다. 가짜 음식이 아무리 진짜같이 바뀌고 심지어 진짜보다 좋아진다 해도, 우리 몸은 여전히 진짜이기 때문이다. 시뮬라크르는 철학의 고민거리를 넘어 이제 생존을 건 문제가 되어 버렸다. 그렇다면 어떻게 해야 진짜 음식을 사랑할 수 있을까? 공장에서 대량생산 되는 인스턴트 음식들에 익숙해진 우리의 혀로는 이 물음에 대한 답을 찾기가 무척 어렵다. 다음 장에서 우리는 탐식(貪食) 앞에서 평등해진 인류의 슬픈 현실을 깨닫게 될 것이다.

| 생각이 담긴 식탁 |

토마스 아퀴나스의 설탕 사랑

기독교 사상의 체계를 잡은 토마스 아퀴나스Thomas Aquinas는 식
탐을 철저하게 금지했다. 그는 너무 비싼 음식을 먹는 것, 너무 맛
있게 먹는 것, 배불러도 계속 먹는 것, 정해진 시간이 아님에도 먹
는 것, 탐욕스럽게 먹는 것 모두를 죄악시했다.

하지만 설탕에 대해서만은 유독 너그러웠다. 금식 기간에 설
탕을 허락해도 되는지에 대한 논쟁에서, 아퀴나스는 설탕은 단지
장이 잘 움직이게끔 도와주는 '소화제'일 뿐이기에 먹어도 된다
고 결론 내린다.

아퀴나스는 체구가 장대했다. 초상화들을 보면 비만에 가까
운 모습이다. 하지만 그는 음식에 대해서는 '금욕주의'에 가까웠
을 듯싶다. 왕과의 만찬 자리에서도 아퀴나스는 식탁 차림에 아
예 관심을 내려놓은 채 혼자 생각에 빠져 있을 정도였다. 그런데
도 그가 풍만한 체형을 가졌던 까닭은 무엇일까?

아마도 답은 설탕에 있을 듯하다. 아퀴나스가 설탕을 얼마나
즐겼는지는 확인하기 어렵다. 다만, 당시에 설탕은 무척 비싼 재

료였고 고위 성직자들이 먹던 요리에도 적잖이 들어가 있었다.
아퀴나스가 설탕을 직접 입에 대지 않았더라도, 다양한 음식을
통해 간접적으로 이를 먹을 수밖에 없는 상황이었을 터다.

설탕은 이제 아주 흔해졌다. 식당에서 파는 음식 등에는 설탕
이 당연한 듯 들어가곤 한다. 원하지 않는 몸매로 바뀌게 된 데는,
내가 멀리하고픈 식재료가 음식에 들어간 탓도 있지 않을까? 혀
가 좋아할 만한 음식보다, 두뇌가 나를 위해 바람직하다고 이해
하는 먹거리를 고르는 자세가 필요한 시대다. 자신이 먹는 음식
에 꾸준히 관심을 갖고 건강한 식재료로 이루어져 있는지를 끊임
없이 살펴야 한다.

PART 2

음식 평등주의

칼보다 탐식이 사람을 죽인다

코케뉴의 꿈

그곳의 날씨는 늘 화창한 5월이다. 나무에는 다양한 음식이 잔뜩 달려 있고, 땅에서는 케이크와 치즈가 자라난다. 하늘에는 종달새가 요리된 채로 날아다니다가 사람들 입에 바로 떨어진다. 값비싼 포도주가 흐르는 강에는 구운 고기들이 떠 있으며, 물고기들은 스스로 식탁으로 뛰어 오른다. 커다란 돼지는 먹음직하게 바비큐가 된 채 허리에 나이프를 꽂고서 먹고 싶어 하는 사람들 쪽으로 다가간다. 얼마든지 자신의 살을 베어 먹게끔 하기 위해서다.

이곳에는 굶주림이 없다. 모든 것이 풍요로우니 일할 필요도 없겠다. 매일매일이 축제 같은 이곳은 잠을 잘수록, 한가하게 지낼수록 오히려 더 많이 얻고 더 풍족해지는 게으름뱅이 천국이다. 여기는 어디일까?

서양 중세 농민들이 꿈꾸던 이상향, 코케뉴(Cockaigne)의 모습이다. 현실에서 그들에게 주어진 먹을거리라곤 풀과 나무뿌리로 만든 수프뿐이었다. 곡식으로 끓인 죽과 검은 빵만 있어도 괜찮은 식단이라 할 만했다. 늘 배고픈 농민들에게 코케뉴는 생각만 해도 행복해지는 '천국'이었다.

현대인들에게 코케뉴는 더 이상 상상 속의 세상이 아니다. 에어컨과 온풍기는 우리에게 늘 5월 같은 환경을 만들어 준다. 게다가 마트에 가면 먹을 것이 여기저기 널려 있다. 우리는 그저 카트에 담기만 하면 된다. 마트에 가기도 귀찮다고? 그렇다면 인터넷으로 주문해서 배달시키면 된다. 이마저도 귀찮다면 완성된 음식을 배달해 주는 배달 앱을 쓰면 되겠다. 음식들은 이미 요리된 채 포장을 뜯어 데우기만 하면 되는 상태로, 또는 완벽히 조리되어 먹기만 하면 되는 상태로 집으로 알아서 이동해 온다. 이 정도면 우리는 수백 년 전 배곯던 이들이 꿈꾸던 코케뉴에 살고 있다고 할 만하지 않을까?

인스턴트 혁명, 배고픔을 몰아내다

이 말을 듣고 고개를 끄덕일 이는 별로 없을 듯싶다. 왜냐고? 우리 가운데 옛 농부들처럼 굶주림에 시달리는 사람은 많지 않다. 하지만 우리의 배를 채우는 먹거리들은 여전히 '고급'이 아니다. 코케뉴에 등장하는 음식들을 찬찬히 살펴보라. 현실에서 귀족들은 고기를 구워 먹고, 농민들은 물에 끓여 먹었다. 국으로 만들어야 양이 늘어나는 까닭이다. 풍미를 살리려 고기의 지방분을 불에 태워 버리는 '짓'은 농민들로서는 차마 저지르기 어려운 '낭비'였다. 상상 속의 나라 코케뉴에 한결같이 구운 고기가 등장하는 이유다.

그뿐만이 아니다. 서양 중세의 가장 고급스러운 식재료는 자고새, 도요새, 종달새, 꿩 등의 가금류였다. 농민들로서는 이런 비싼 먹거리를 좀처럼 접할 일이 없었다. 코케뉴에는 새를 재료로 한 요리들이 널려 있다. 일상에서 구경도 못 할 맛난 음식을 상상으로라도 배부르게 먹어야 위안이 되지 않겠는가? 반면에 순무나 도토리, 끓인 채소 등 그들이 늘 먹던 음식은 코케뉴에 전혀 없다.

우리의 현실도 별다르지 않다. 마트에는 음식들이 널려 있다. 하지만 이것은 대부분 값싼 인스턴트 먹거리다. 한우 갈비가 아닌 '갈비맛 햄'을, 진짜 대게가 아닌 '게맛살 어묵'을 손에 넣는 식이다. 물론 이런 인스턴트 음식도 충분히 맛있다. 게다가 중독성까지 있다. 달콤하고 짭짤해서 먹다 보면 한없이 들어간다.

그러나 이런 인스턴트 먹거리들이 우리에게 행복감만 안길까? 그럴 것 같지는 않다. 인스턴트 음식의 주재료는 대부분 밀가루와 지방, 설탕과 소금이다. 요리의 차이는 여기에 더해지는 약간의 향미료가 무엇인지에 따라 갈릴 뿐이다. 초코향이 더해지면 초코파이가 되고, 딸기향을 넣은 것은 딸기샌드가 된다.

이런 음식들은 풍족하게 먹을수록 되레 마음이 헛헛해진다. 때로는 돈을 많이 벌어서 진짜 음식을 먹고픈 갈망이 샘솟기도 한다. 인스턴트 음식의 등장은 혁명과도 같다. 인류를 따라다니던 배고픔을 몰아냈다는 점에서 그렇다. 하지만 중세 농민들이 코케뉴를 꿈꿨

듯, 좋은 음식에 대한 우리의 갈망은 여전히 사라지지 않았다. 풍족한 식탁까지는 다다랐을지 모르겠지만, 인류가 행복한 식단을 꾸리기까지는 여전히 갈 길이 먼 셈이다.

인스턴트커피를 권장하는 사회

코케뉴와 현대사회는 아주 다르다. 코케뉴는 게으름이 대접받는 세상이다. 그곳 사람들은 일할 필요가 없다. 그러나 우리가 사는 세상의 노동강도는 날로 높아져만 간다. 이는 음식에도 그대로 나타난다. 철학자 신승철의 말을 들어 보자.

> 일찍 출근하고, 등교하기 위해서 인스턴트커피를 바쁘게 타 먹고 잠에서 깨어나는 노동자, 학생들의 스테레오타입화된 삶을 생각해 봅시다. 이들의 맛의 취향과 기호는 마치 자로 줄을 잰 듯이 혹은 일렬로 군대가 행군하듯이 획일화되어 있습니다. (…) 인스턴트커피를 권장하는 사회 속에는 무의식적으로 '더 빨리 일할 것, 더 오래 공부할 것'을 강조하는 부드러운 지배 방식이 존재합니다. 한국 사회에서 천천히 우려서 먹는 녹차의 향기가 어느 때부터인가 가정에서 없어진 것도 이런 연유일 것입니다.[2]

우리가 인스턴트식품을 먹는 까닭은 맛있기 때문만이 아니다. 빠르고 간편해서 이런 음식을 찾는 경우가 더 흔하다. 우리 삶은 매 끼니를 챙겨 먹을 만큼 한가하지 않다. 설사 시간이 남아도는 '백수'라 해도 인터넷과 게임 등 시간을 '때울 만한' 것들이 널려 있다. 이런 상황에서는 여간해서 매 끼니를 정성껏 차려 먹게 되지 않는다. 어떻게 보면 우리의 식사는 가축이 먹는 사료와 비슷해져 버렸다.

"짐승은 먹이를 먹고, 사람은 밥을 먹으며, 지성인은 예의를 갖춰 먹는다." 장 브리야사바랭의 말이다. 짐승에게 음식은 에너지를 얻는 수단이다. 뭘 먹건 입에 당겨 맛있게 먹고, 활동하는 데 필요한 에너지를 얻을 수 있으면 그만이다. 하지만 사람에게 음식은 짐승의 그것과는 다르다. 식사는 자신의 생활을 가꾸는 주요 조건이다. 건강관리는 무엇을 먹는지에서 시작되지 않던가. 나아가 인간관계의 상당 부분도 식사 약속을 잡고 같이 음식을 먹는 데서 이루어진다.

누구도 음식을 먹지 않고는 살지 못한다. 그만큼 식사는 일상생활에서 큰 부분을 차지한다. 삼시 세끼를 어떻게 장만하여 어떻게 먹는지는 나의 삶을 가꾸는 데 매우 중요한 요소다. 매번 사료 먹듯 끼니를 해치운다면, 내 삶 또한 가축의 그것과 비슷해질 것이다. 반면에 식사를 나의 몸과 생활을 보듬는 수단으로 여기며 매번 의식을 치르듯 한다면 삶은 어떻게 바뀔까?

탐식의 죄(?)를 저지르다

탐식은 기독교에서 7가지 큰 죄악[칠죄종(七罪宗)] 가운데 하나로 꼽을 만큼 큰 잘못이었다. 성직자들은 식탐을 '자신의 육체에 저지르는 범죄'로 여겼다. 예전에도 뚱뚱한 사람들을 보는 시선은 곱지 않았다. 한 손에는 고기를, 다른 손에는 포도주병을 든 채 암돼지나 늑대 위에 올라탄 배불뚝이 남자의 모습은 여러 그림에서 죄악을 상징하는 이미지로 줄곧 등장했다.

아무 음식이나 마구 먹어서 뚱뚱해진 몸은 욕구를 절제하는 능력이 없음을 드러내는 증거처럼 여겨졌다. 사실 예전에는 '탐식의 죄'를 저지를 수 있는 사람이 많지 않았다. 먹거리가 충분하지 않았던 탓이다. 그러나 값싼 먹거리가 널린 지금, 탐식은 누구나 경계해야 할 죄악이 되었다. 현대인 거의 모두가 식탐의 위협에 시달리게 되었다는 점에서 우리는 '음식 평등주의'에 이르렀다.

날씬해지고픈 현대인의 갈망에도 서양 중세 상류층의 두려움이 오롯이 담겨 있다고 할 수 있다. 다이어트에 강박적으로 매달리는 데는, 자신이 얼마나 삶을 잘 관리하는 사람인지를 몸매로 '인증'받고 싶은 욕망이 숨어 있지 않을까?

탐식은 건강에 해롭다. 이미 중세 의사들은 '칼보다 탐식이 사람을 죽인다'고 충고하곤 했다. 이 또한 균형 잡히고 절제된 식사를 강조하는 현대 영양학자들의 가르침과 다르지 않다. 그러나 중세 기독교는 절식(絶食), 즉 과도한 다이어트도 좋게 보지 않았다. 배고파서 예민해진 마음은 '분노'라는 또 다른 죄악을 낳을뿐더러, 건강이 상하더라도 내 몸이니 내 마음대로 해도 된다는 식의 마음은 '오만'이라는 또 다른 죄에 이르게 한다는 이유에서였다. 그렇다면 탐식의 유혹에 끊임없이 시달리는 현대인들은 어떻게 해야 할까?

지금도 유대교에서는 우리가 먹는 일반적인 패스트푸드를 허락하지 않는다고 한다. (그들은 조금 다른 형태로 햄버거나 피자 등을 즐긴다.) 먹는 행위를 노동만큼이나 신성하게 여기기 때문이다. 그들에 따르면, 우리가 먹는 음식은 신이 내려 준 것이다. 이 때문에 식사할 때마다 감사하는 마음으로 경건하게 먹거리를 다뤄야 한다. 이는 자연과 조상에 감사하며 밥알 한 톨까지 소중하게 아껴 먹으려 했던 우리 조상들의 태도와 다르지 않다. 여기에는 깊은 지혜가 담겨 있다.

탐식에서 벗어나려면 '식사'를 생활의 리듬을 건강하게 유지하고 지키는 소중한 '의식'으로 여겨야 한다. 대식가와 미식가는 다르다. 미식가는 절제와 균형을 지키며 사회 예법에 따라 먹을 줄 아는 사람이다. 이렇게 되려면 지식과 교양이 필요하다. 그래서 좋은 음식을 가려내고 신중하게 먹는 태도는 그 자체로 교육 수준과 신분을 보여 주는 상징처럼 여겨졌다.

이 점은 지금도 마찬가지다. 햄버거 하나를 먹을 때도 허겁지겁 집어 먹을 때와 단정하게 앉아서 천천히 식사할 때를 견주어 보라.

어느 쪽이 더 보기 좋은가? 나아가 어느 편이 과식하게 될 가능성이 커질까?

여기까지 이야기를 따라온 사람이라면 분한 마음이 들지도 모르겠다. 우리의 일상은 무척 바쁘고 힘들다. 음식을 장만하고 격식 있게 제대로 차려 먹는 일이 어디 쉬운가? 왜 일상에서 거의 하기 힘든, 아니 어쩌면 불가능한 일을 하라고 강요하는가?

그렇지만 노력하지 않고 이루어지는 일은 없다. 패스트푸드의 등장은 탐식에 이르는 길을 모두에게 공평히 열어 주었다. 패스트푸드 혁명이 음식 평등주의를 낳은 셈이다. 빠지기는 쉽지만 헤어나기 어려운 것이 유혹이다. 문화는 본능을 다스리는 데서 출발한다. 끊임없이 내 입맛을 잡아끄는 건강하지 못한 음식들의 유혹에서 벗어나려면, 무엇보다 식사라는 행위를 경건하고 소중하게 여겨야 한다.

위에 규범을 심다

텔레마코스Telemachos는 오랜 항해 끝에 캐러멜과 설탕으로 이루어진 바위, 마멀레이드로 된 산, 시럽의 강, 웨하스로 덮인 나무 등으로 가득한 섬에 다다랐다. 처음에 행복해하던 그는 곧 다다단 음식이 지겨워졌다. 그래서 더 다양한 음식이 있는 곳을 향해 나아갔다.

'달콤한 쿠키의 섬'을 떠난 텔레마코스는 '햄과 소시지의 섬'에 상륙했다. 여기에 사는 사람들은 하루 12번씩 진수성찬을 먹었다.

물론 이렇게 먹고 버텨 낼 위장은 없다. 그래서 그는 위로 쓰일 주머니 12개를 샀다. 하지만 시간이 좀 지나자 텔레마코스는 "구유 앞에서 말처럼 하루 종일 식탁에서 먹어 대는 생활"에 질려 버렸다.

이윽고 그는 좋은 향기로만 배를 채우기로 결정했다. 그다음에는 '장난꾸러기 요정에게 소원을 빌기만 하면 바로 원하는 것을 얻는 마을'도 구경했다. 그러나 이곳 사람은 하나같이 겁쟁이에 게으름뱅이들이었다. 뭘 하든 의욕이 없고 표정은 우울하기만 했다. 마침내 깨달음을 얻은 텔레마코스는 이렇게 말했다.

> "쉽게 얻을 수 있는 쾌락은 사람들을 타락시킬 뿐, 이를 통해서는 행복에 이르지 못합니다. 그래서 나는 달콤한 이 나라를 떠나기로 결정했습니다. 집으로 돌아온 저는 비로소 맛있는 음식과 다양한 쾌락이 주지 못했던 진정한 행복과 건강을 되찾았습니다. 검소한 생활과 적절한 노동, 미덕의 실천을 통해서입니다."

프랑스 루이 14세 시대, 귀족 자제들을 가르치던 프랑수아 드 페늘롱François de Fénelon이 쓴 『텔레마코스의 모험』(1699)에 나오는 이야기다. 읽다 보면 현대인들에게는 '기름진 단짠' 음식을 경계하라는 충고로 다가올 듯싶다.

미식을 뜻하는 영어와 프랑스어 '가스트로노미(gastronomy)'는 고대 그리스어로 위(胃)를 의미하는 'gastro'와 규범을 뜻하는 'nomos'를 합친 말이다. 한마디로 '위장의 규범'이라는 뜻이다. 규칙과 규범은 하루아침에 몸에 배지 않는다.

코케뉴는 배고픔이 없는 세상이다. 그러나 배고픔이 없는 세상이 곧 행복을 가져오지는 않는다. 오히려 지루함과 탐욕이 내 삶을 나락으로 떨어뜨릴 수도 있다. 고대 그리스 철학자 플라톤Platon의『국가』, 영국 사상가 토머스 모어Thomas More의『유토피아』같은 책에서 보여 주듯 인류의 현자들이 제시하는 바람직한 사회의 모습은 코케뉴와 거리가 멀다. 오히려 이들은 하나같이 욕구를 잘 다스리며 절제와 균형 잡힌 식사를 하라고 우리에게 충고한다.

값싼 먹거리가 넘쳐 나는 시대, 혀가 끌리는 대로 음식을 먹었다가는 건강도, 생활도 무너져 버릴 테다. 훌륭한 인격을 갖추기 위해서는 듣고 싶은 이야기보다 들어야 할 소리에 귀를 기울여야 한다. 음식도 다르지 않다. 우리에게는 먹고 싶은 것보다 먹어야 할 것을 먹는 자세가 필요하다.

장 브리야사바랭은 "탐식은 미식의 적"이라고 잘라 말했다. 미식은 단지 색다르고 '가성비' 좋은 먹거리를 찾는 '맛집 탐방'과는 달라야 한다. 하나하나를 신중하고 경건하게 가려 먹는 태도를 갖춘 이가 진정한 미식가다. 음식 평등주의 시대, 진정한 미식가들이 먹는 음식은 어떤 것이어야 할까? 여러분은 매끼 무엇을 먹으며 자신을 채우는가?

명성황후가 사랑한 약고추장

명성황후는 입맛이 없을 때면 사람을 시켜 친정인 민(閔)씨 가문에서 약고추장을 가져다 먹었다. 우리 음식에는 대개 '꿀'이 들어간 음식에 약(藥)이라는 말이 붙는다. '약과', '약식' 등의 음식이 그 예다. 『한국인에게 밥은 무엇인가』에 따르면, 약고추장은 전해 내려오는 서울 음식 가운데 하나였던 듯싶다.

만드는 방법은 이렇다. 고추장에 꿀과 다진 쇠고기를 넣는다. 다음에는 약한 화롯불에 올려놓고 하루 종일 볶는다. 아침부터 저녁까지 천천히 잘 저어야 한다. 쇠고기가 고추장 속에 완전히 녹아 들어가 형체를 찾기 어려울 때까지 이렇게 해야 한다. 나는 서울에서 태어나 자랐음에도 약고추장을 먹어 본 적이 없다. 아니, 본 적조차 없다. 우리 시대에는 만드는 게 가능할 법 싶지 않은 음식인 까닭이다. 왜 그럴까?

잘나가는 사대부 집안에서는 온종일 불 옆에 달라붙어 고추장을 달일 노비가 있었을 터다. 지금은 당연히 노비가 없다. 만약 지금 약고추장을 만든다면 인건비만 해도 엄청나게 들 것이다. 상품으로 팔고자 한다면 수지타산을 맞추기 어려운 구조다.

집에서 약고추장을 만든다면 어떨까? 이런 시도는 안 했으면 좋겠다. 엄청난 분란이 일어날 것이기 때문이다. 과연 누가 '노비처럼' 하루종일 고추장에만 매달려 있으려 하겠는가! 지금도 추석이나 설 같은 명절 때마다 음식 장만을 둘러싼 갈등은 끊이지 않는다.

신분제를 당연하게 여겼던 과거에는 품이 많이 드는 '전통' 음식 속에 차별이 숨겨져 있음을 깨닫지 못했다. 먹는 자들이 만드는 사람의 수고를 헤아릴 이유가 없었던 탓이다. 민주화된 사회에서는 그래서는 안 된다. 먹는 자들은 언제나 만드는 사람의 고생과 노력을 떠올리며 감사해야 한다. 때로는 먹고 싶어도 요리하는 이의 고생이 너무 크다면 욕구를 내려놓을 줄도 알아야 한다. 훌륭한 미식가는 입맛에도 배려를 담을 줄 안다.

PART 3

미식과 탐식

에피쿠로스처럼 즐기기

나는 왜 끊임없이 먹을까?

"칼로리가 높다. 맛이 다양하고 복합적이다. 한입에 먹기 쉽다. 입에 넣는 순간 첫 느낌이 좋다. 혀에 사르르 녹는다." 데이비드 케슬러가 말하는 '차마 뿌리치지 못하는 음식'의 특징이다. 마트나 식당에는 이런 음식이 너무 많다. 그래서 우리는 먹고 또 먹는다. 곰곰이 생각해 보라. 우리가 진짜 배가 고파서 먹는 경우는 얼마나 될까? 상당수는 그냥 습관적으로 먹을 뿐이다. 점심시간이니 밥을 먹고, 저녁밥 먹을 즈음이니 식사를 하는 식이다.

'기분 전환'을 위해 먹거리에 손이 가는 상황도 적지 않다. 당분이 많고 지방이 가득한 음식은 스트레스를 줄이고 마음을 다독여 주는 것만 같다. 아무튼 우리는 너무 많이 먹는다. 필요 이상으로 먹은 결과가 좋은 건강 상태로 이어지는 경우는 거의 없다. 늘어 가는 군살을 걱정하는 사람도 무척 많다. 다이어트는 이제 현대인들의 '당연한 고민'처럼 여겨질 정도다. 과연 건강하게, 적게 먹을 방법은 없을까?

체리 파이를 가장 잘 이용하는 방법은 버리는 것

미각은 단맛, 신맛, 쓴맛, 짠맛으로 구성된다. 아무것도 섞지 않은 자연 그대로의 먹을거리는 이 모든 맛이 하나로 어울린다. 입맛을 자극하기 위해 이것저것 많이 섞으면 좋지 않다. 양념을 많이, 진하게 해야 먹을 만한 음식이라면 아예 먹지 않는 게 좋다. (…) 소금이나 후추, 겨자, 향신료를 넣는다고 식품 고유의 가치가 높아지는 것이 아니며, 오히려 가치가 떨어질 수도 있다.[3]

양념은 거짓 허기를 부른다. 음식을 먹고 싶게 만든다는 뜻이다. 몸에서 음식을 바라는 진짜 허기야말로 최고의 반찬이다. 건강한 식단 덕분에 100세 가까이 산 미국의 작가 헬렌 니어링Helen K. Nearing이 『헬렌 니어링의 소박한 밥상』에서 한 충고다. 그는 책에서 다른 사람의 말을 인용해 좀 더 강한 조언을 던지기도 했다.

"체리 파이를 가장 잘 이용하는 방법은 버리는 것이다."

건강만 따지면 니어링의 말에는 틀린 구석이 없다. 배고프지 않은데 혀에만 당긴다면 안 먹는 편이 좋다. 우리는 먹고 난 뒤 늘어난 체중을 보며 반드시 후회하지 않던가? 하지만 음식의 유혹을 뿌리치기란 매우 어렵다.

현대 과학은 음식 산업도 '최첨단'으로 만들었다. 예를 들어 보자. 예전에는 음식물을 입에 넣으면 보통 한입에 25번 정도 씹었다. 지금은 10번 정도만 씹어도 충분하다. 음식에 지방이 많이 들어가 있어 부드럽게 넘어가는 까닭이다.

그뿐이 아니다. 가공된 음식들은 '어른을 위한 이유식'에 가깝다. 소시지나 케이크를 떠올려 보라. 씹고 삼키기 쉬울뿐더러, 녹아들듯이 혀를 사로잡는다. 섬유질이 적어서 쉽게 배부르지도 않는다. 그래서 조금만 정신줄을 놓아도 엄청난 양을 퍼먹게 된다. 니어링이 "체리 파이를 가장 잘 이용하는 방법은 버리는 것"이라고 강하게 충고한 이유다.

사실 비만을 부르는 가공된 음식들이 현대에 와서 갑자기 등장한 것은 아니다. 독일의 음식 연구자 하이드룬 메르클레Heidrun Merkle에 따르면, 서양 중세의 귀족들이 먹던 음식은 지금보다 더한 '비만 촉진제'였다.

그때는 설탕, 후추 등의 가격이 지금보다 훨씬 비쌌다. 유럽에서는 설탕의 원료인 사탕수수와 후추가 나지 않아서 나라 밖 멀고 먼 곳에서 이를 수입했다. 이런 향신료를 음식에 듬뿍 쓰는 것은 그 자체로 부유함과 권위를 내보이는 방법이었다. 그 당시 고급 요리는 '거의 모두가 수수께끼' 수준이었다. 음식만 보고는 도대체 재료가 뭔지 알 수 없었기 때문이다.

모든 요리가 달콤하고 시고 짜고 양념이 강하며 매우 강한 후추 맛이 났다. 여기에 노란색의 사프란 맛까지 섞여서 거의 (모든 고급 음식이) 비슷비슷했다.

『식탁 위의 쾌락』에 나오는 그 당시 요리에 대한 메르클레의 설명을 들으면 왠지 지금의 패스트푸드가 떠오른다. 하나같이 달고 짜고 기름진 데다가, 색깔까지 입혀져 있다는 점에서 그렇다.

미식은 탐식의 적

향신료로 범벅이 된 음식의 인기는 영원하지 못했다. 지금 우리가 패스트푸드를 좋게 보지 않는 것같이, 세월이 흐를수록 이런 부류의 음식은 천박한 먹을거리로 여겨졌다. 먹거리가 귀하던 시절에는 달고 기름진 음식이 고급이었을 테다. 반면에 설탕과 고기가 흔해질수록 이런 것들에 익숙한 혀를 가진 사람은 수준 낮은 부류로 여겨진다.

무역이 발달하면서 설탕과 후추의 가격은 점점 떨어졌다. 그럴수록 향신료를 가득 넣은 음식에 대한 욕구도 시들해져 갔다. 물론 그 전부터 달고 기름진 음식에 매달리는 이들을 한심하게 보는 사람도 분명히 있었다.

식탁에는 다양한 음식이 차려져 있었다. 그러나 경험 많고 지혜로운 백작은 사람들의 '음식 시험'을 간단히 통과했다. 그는 좋은 음식 외에는 어떤 것도 먹지 않았으며 아예 건드리지도 않았다. 이런 처신으로 그는 자신이 진정한 귀족임을 드러냈으며, 자신이 올바른 미각(味覺)을 갖고 있음을 증명했다.[4]

『식탁 위의 쾌락』에 소개된, 중세 에스파냐의 저술가 호아노트 마르토렐(Joanot Martorell)이 쓴 소설에 나오는 내용이다. 한마디로 혀에 당긴다는 이유로 아무거나 먹는 사람은 고귀하지 않으며, 제대로 된 좋은 음식을 가려 먹을 줄 아는 자가 진정한 귀족이라는 의미다. 나아가 장 브리야사바랭은 "미식(美食)은 탐식(貪食)의 적"이라고 강조하기까지 했다. 좋은 먹거리를 제대로 즐길 줄 아는 사람은 허겁지겁 배가 꽉 찰 정도로 미련스럽게 먹지 않는다는 뜻이다.

이런 생각은 지금도 마찬가지인 듯싶다. 게걸스레 음식에 매달리는 사람을 좋게 보는 경우는 거의 없다. 식욕을 다스리며 절제하는 '능력'은 한 사람의 품격을 가늠하는 잣대처럼 여겨지지 않던가? (친하지 않은 사람들과 함께하는 식탁에서 서로 점잔을 빼느라 음식을 덜 먹는 모습을 떠올려 보라.) 나아가 식욕에 휘둘리지 않아야 건강과 삶을 잘 가꿀 수 있다. 달고 기름진 먹을거리가 넘쳐 나는 시대, 어떻게 해야 건전한 식습관을 기를 수 있을까?

배고플 때만 먹어라

영어의 '에피큐리언(epicurean)'을 우리말로 '쾌락주의자'라고 옮기는 경우가 많다. 하지만 이는 '미식가'라는 뜻으로도 해석된다. 이 낱말은 고대 그리스의 철학자 에피쿠로스Epicurus에게서 유래했다. 실제로 에피쿠로스는 최고의 쾌락주의자였지만, 그가 추구한 식생활은 식탐(食貪)이 아니라 미식에 가까웠다.

에피쿠로스는 쾌락을 '필수적인 것'과 '그렇지 않은 것'으로 나눈다. 예컨대 식욕이나 수면욕 등은 필수적인 쾌락이다. 사람은 누구나 먹고 자야 한다. 이런 필수적인 욕망은 배고플 때 먹고, 졸릴 때 자면 사라진다. 그렇다면 '더 맛있는 것', '더 편안한 잠'에 대한 욕구는 어떨까? 이런 욕망은 채울 길이 없다. 아무리 맛있는 것을 먹고 편안한 잠을 자도 그 이상을 끊임없이 바라게 된다.

필수적인 욕구를 채우는 데는 큰 노력이 필요하지 않다. 실제로 우리가 생존을 유지할 만큼 먹고 자는 데는 별로 돈이 안 든다. 우리 삶이 고단하고 힘든 이유는 대부분 '남들만큼' 잘 먹고, 사회적으로 창피하지 않을 정도의 집에서 생활하려는 데서 비롯된다. 에피쿠로스식으로 말하면, 필수적이지 않은 욕망에 휘둘리는 탓에 우리 삶이 고달픈 것이다.

그래서 에피쿠로스는 자신의 욕망을 '필수적인 욕구' 수준에 머물도록 하는 데 공을 들였다. 기록에 따르면, 그의 식생활은 "하루에

음식을 장만하는 데 1므나(mina)의 돈도 쓰지 않고 포도주 4분의 1L
만으로도 만족하면서, 그나마 대부분은 물만 마시는 생활을 즐기"는
수준이었다고 한다.

갈증을 없애는 방법은 딱 한 가지밖에 없다. 목마름은 물을 마셔
야만 사라진다. 물 대신 설탕이 가득 든 탄산음료나 시원한 주스를
마시면 어떨까? 당장은 쾌감을 느낄지 몰라도 결국 갈증만 더욱 심
해질 테다. 음식도 다르지 않다. 몸에 비타민이 필요할 때 신 과일을
먹는 경우와 비타민을 주입한 달콤한 주스를 마실 때를 견주어 보
라. 신 과일을 먹을 때는 필요한 만큼의 양분을 얻고 나면 식욕이 사
라진다. 그러나 달콤한 주스는 혀가 즐겁기 때문에 더 마실 필요가
없어도 계속 찾게 된다.

현대의 심리학자들은 중독에서 벗어나려면 '밝은 선(bright line)'을
넘지 말라고 강조한다. 밝은 선은 절대 넘어서는 안 되는 선이다. 예
컨대 알코올의존자는 "딱 한 잔만!"이라는 말을 입에 달고 산다. 그
러나 술을 한 모금이라도 마시는 순간, 자제력은 흔적도 없이 사라
진다. 음식 '중독'도 다르지 않다. 달고 기름진 음식에 대한 욕망을
다스리기가 얼마나 어렵던가? 일단 이런 먹거리들을 입에 넣고 나면
식탐은 고삐가 풀려 버리곤 한다. 따라서 아예 처음부터 절제하지
못할 음식들은 멀리해야 한다.

에피쿠로스의 식습관은 절제 그 자체였다. 그의 식생활은 한마디
로 "배고플 때만 먹어라."라는 말로 정리할 수 있다. 헬렌 니어링은

에피쿠로스의 '식사 철학'을 우리가 실천 가능한 모양새로 풀어서 들려준다.

무엇을 먹고 마실지에 대한 결단이 중요합니다. 그래야 식구들과 친구들, 가까운 이들과의 익숙한 습관에서 벗어나게 되니까요. (…) "네, 잘 먹겠습니다."라고 말하기는 무척 쉬워요. 그러나 "아뇨, 괜찮습니다."라고 말하는 데는 용기와 지혜, 결단이 필요합니다. 맛난 요리가 줄줄이 나오는 자리에서라면 더더욱 그렇지요. (남편과) 내가 열대여섯 살쯤 되었을 때, 우리는 많은 사람들이 하는 것같이 먹고 살지, 건강을 위하고 지키는 방식으로 먹고 살지 하는 문제에 맞닥뜨렸어요.[5]

그대라면 달고 기름진 음식들을 권하는 상황에서 어떤 '결단'을 내리겠는가? "네, 잘 먹겠습니다."라고 말하며 밝은 선을 넘겠는가, "아뇨, 괜찮습니다."라며 정중하게 음식을 밀어내고 배고픔을 참는 불편한 상황을 견디겠는가?

되풀이하지 않는 한 문제는 없다

이 물음에 쉽사리 "아뇨, 괜찮습니다."라고 과감히 외치기란 어렵다. 식사 자리는 우리가 관계를 가꾸고 키우는 장소이기도 하다. 모두가 맛있게 먹고 있는데 "저는 이런 건강하지 못한 음식을 먹지 않겠습니다!"라고 '선언'하면 어떤 광경이 펼쳐지겠는가?

직장의 회식이나 가족 식사 모임 등, 우리 일상에서는 밝은 선을 넘어야 하는 상황이 숱하게 벌어진다. 다이어트 결심이 쉽사리 스러지고, 늘어나는 뱃살 줄이기가 인생을 바꾸는 일만큼 어려운 이유는 여기에도 있다.

그래서 고대 그리스의 철학자 아리스토텔레스Aristoteles는 습관의 중요성을 강조했다. "한 마리 제비가 왔다고 해서 봄이 온 것은 아니다."라는 그의 말은 정말 유명하다. 좋은 식습관은 굳은 결심 한 번으로 바뀌지 않는다. 작심삼일(作心三日)이란 말이 괜히 있지 않다. 결심은 언제든 무너지게 되어 있다.

중요한 것은 '그럼에도 불구하고' 꾸준히 반성하며 실천하려는 태도다. 알코올의존자도 거듭 술을 입에 대고 잔뜩 취하는 '실수'를 반복하곤 한다. 그러나 꾸준히 노력해서 결국 실수를 되풀이하지 않는 '경지'에 이르면 더 이상 문제는 없다. 식생활도 이래야 하지 않을까? 맛있는 먹거리 앞에서 자제력이 흔들린다면, 다음의 물음을 스스로에게 던져 보라.

"지금 나는 이 음식들을 진짜 배가 고파서 먹고 있을까?"

"이 음식을 먹고 나면 어떤 느낌이 들까? 엄청 후회하지 않을까?"

로마의 철학자 에픽테토스Epiktētos는 이렇게 충고했다.

쾌락에 이끌릴 때마다 여기에 휘둘리지 않도록 마음을 모으라. 원하는 대로 바로 움직이지 말고 잠시 숨을 고르도록 하라. 이러면서 두 가지를 검토해야 한다. 쾌감을 즐기는 순간과 그 후에 이를 후회하면서 자신을 혐오하는 그대의 모습. 이 둘의 비교는 그대에게 자제력을 되찾아 줄 것이다. 어떤 경우에도 편안함과 쾌감, 매력에 굴복하지 마라. 이 모든 유혹들을 의식적으로 이겨 내는 모습은 그대를 훨씬 바람직하게 만들어 줄 것이다.

식탐에 휘둘리는 순간마다 마음에 새겨야 할 좋은 문구다. 안타깝게도 식욕은 언제나 이성보다 힘이 세다. 욕구를 누르기가 어렵다는 뜻이다. 이럴 때는 아리스토텔레스의 '습관'을 다시 떠올리는 것도 좋겠다.

다이어트 전문가들은 '살은 천천히 빼는 편이 좋다'고 충고한다. 체중을 빨리 줄이면 요요도 더 심하게 온다. 힘든 운동을 하면 체력이 고갈된다. 마찬가지로 식욕을 억지로 참고 또 참을 때 인내력은 바닥을 드러내고 만다. 다이어트를 하는 이들이 금식과 폭식을 거듭하게 되는 이유다. 게다가 칼로리 계산을 매일 정확하게 해내는 일도 쉽지 않다.

그러니 꼭 필요한 먹거리를 바르게 먹는 습관이 몸에 배도록 꾸준히 노력하는 편이 좋겠다. 미국의 사상가 헨리 데이비드 소로^{Henry David Thoreau}의 명언처럼 "잔치하듯 말고 금식하듯 먹는" 태도를 기르라는 의미다. 이를 위해서는 식탐과 씨름하는 수준에서 머물러서는 안 된다. 보다 강력한 '철학 훈련'이 필요하다.

좋은 식습관, 다이어트를 넘어 문명의 구원자로

'배고플 때만 먹고, 설탕이나 조미료를 입히지 않아도 입맛 당기는 음식 먹기.' 이는 거짓 식욕을 불러일으키는 온갖 먹거리들이 넘쳐 나는 시대, 건강한 식습관을 지켜 내기 위한 규칙이라고 해도 좋겠다. 하지만 인간은 꼭 살기 위해 먹지만은 않는다. 디저트를 떠올려 보라. 사실 디저트는 먹을 필요가 없는 음식이다. 배가 부른데 뭘 또 먹는단 말인가?

그러나 디저트는 미식을 위한 먹거리다. 배고픔이나 식욕과 상관없이 맛 자체를 즐기기 위해 먹는 음식이라는 뜻이다. 게다가 디저트는 모양과 색상 또한 중요하다. 한마디로 디저트는 순수하게 '미각의 즐거움과 아름다움을 위한 음식'이다. 이를 넘어서서 음식에 도덕과 윤리까지 담을 수 있을 때, 좋은 식습관은 다이어트를 넘어 문명의 구원자로 거듭난다.

실제로 여러 민족의 음식 문화에는 나름의 윤리와 도덕이 숨어 있다. 음식에 담긴 인류의 고귀한 도덕을 깨닫는다면 군살 관리도 훨씬 쉬워질 테다. 이제는 음식의 윤리와 문화에 대해 본격적으로 알아볼 차례다.

장 자크 루소의 소박한 식사

　장 자크 루소Jean-Jacques Rousseau가 쓴 『사회 계약론』은 프랑스 대 혁명과 미국 독립의 사상적 기초가 되는 매우 중요한 책이다. '자 연으로 돌아가라'는 루소의 핵심 가르침에는 혁명의 씨앗이 숨 어 있다. 자연 상태에서는 모두가 평등하고 자유롭다. 그러나 문 명이 자리 잡고 가진 자와 못 가진 자들로 계급이 나뉘면서 차별 이 생겨났다. 따라서 루소는 인류가 서로 뺏고 빼앗기며 억누르 고 고통받는 현실에서 벗어나려면, 원래의 자연 상태로 돌아가야 한다고 주장했다. 그의 신념은 식습관에서도 오롯이 드러난다.

　"저에게 우유, 채소, 달걀, 농부들이 먹는 갈색 빵, 포도주를 주십시오. 하인들이 줄줄이 시중을 드는 화려한 코스 요리는 필 요 없습니다. 저에게는 그보다 입맛이 중요하니까요." 『음식에 대 한 거의 모든 생각』에 소개된 루소의 '취향 고백'이다. 그는 "음 식이 아니라 다른 데서 즐거움을 찾았으므로" 식생활은 절제할 수 있었다고 했다. 모두가 화려하고 풍성한 식탁을 차리며 즐기 기는 어렵다. 반면에 소박한 식단은 누구나 꾸릴 수 있다. 평등한 사회를 꿈꾸는 이라면 단출한 식사 쪽에 손을 들어 주는 편이 옳겠다. 실제로 루소는 그런 상차림을 좋아했다.

나아가, 루소는 당대 최고의 인기 절정 미소년이기도 했다. 젊은 시절 초상화를 보더라도 그는 무척 잘생겼다. 게다가 날씬하고 균형 잡힌 몸매를 갖추고 있었다. 그의 이런 외모는 건강한 식습관의 부산물(?)이지 않았을까? 늘 인류 사회의 바람직한 모습을 가꿀 식탁을 고민하며 먹어 보라. 우리도 마음가짐도 루소처럼 바뀌지 않을까? 행복한 기대를 해 본다.

PART 4

유혹하는 고기

당신의 몸을 고기소로 만들지 마세요

잡식동물의 딜레마

초식동물인 코알라는 무엇을 먹을지 고민할 필요가 없다. 원래 서식지에 산다면 유칼립투스 같은 식물만 먹으면 되기 때문이다. 육식동물인 사자도 다르지 않다. 놈의 유전자는 '살과 피로 된 움직이는 것'만 먹도록 되어 있다. 그런데 인간 같은 잡식동물은 다르다. 잡식동물은 눈에 띄는 많은 것을 먹을 수 있다. 하지만 좀처럼 그 어떤 것도 안심하고 먹지 못한다. 잘못 먹었다가 탈이 나는 먹거리가 어디 한둘이던가?

모든 것을 입에 넣을 수는 있지만, 그 어떤 것도 마음대로 먹지 못하는 '딜레마'에 놓인 잡식동물들은 몸에 잘 맞는 먹거리를 찾기 위해 끊임없이 머리를 궁싯거린다. 인간도 매한가지다. 우리는 매일같이, 매끼 무엇을 먹을지, 어떻게 먹을지, 소화는 잘될지, 몸에는 좋을지를 놓고 고민하곤 한다.

인간에게 있어 먹거리를 둘러싼 고민은 단순히 혀를 즐겁게 하고 건강을 지키는 데 그치지 않는다. 영국의 침팬지 연구자이자 환경운동가인 제인 구달Jane Goodall에 따르면, 뭘 먹을지 선택하는 일은 나와 세상을 바꾸는 중요한 결정이다.

벌레 먹은 사과 주세요

구달은 식당에서 종업원이 물을 따라 주려 하면 말리곤 한단다. '꼭 마셔야 할 때만 물을 달라'고 부드럽게 충고를 던진다고 한다. 왜 그럴까? 이 세상에는 한 잔의 물도 없어 고생하는 이들이 너무 많기 때문이다. 이런 모습을 보면 자연스레 의문이 들지도 모르겠다. 내가 물 한 잔을 아낀다고 해서 목마른 인류의 처지가 나아질까? 환경운 동 한다고 괜스레 유난 떠는 것은 아닐까?

하지만 제인 구달의 『희망의 밥상』에 추천사를 쓴 생물학자 최재 천은 다른 생각을 들려준다. 그는 식품 가게를 채운 반짝반짝 윤이 나는 과일들을 예로 든다. 자연 그대로라면 과연 저렇게 깨끗하고 흠집 없는 과실들이 넘쳐 날 수 있을까? 대부분은 벌레 먹고 쉽게 썩 어서 곳곳이 문드러져 있을 테다. 완벽한 과일의 모습은 많은 농약 과 비닐하우스 같은 인공적인 환경을 만드는 데 엄청난 에너지를 써 서 얻은 결과일 가능성이 크다.

사람들이 깨끗하고 큼지막한 과일을 좋아할수록 농약 사용량도 점점 늘어난다. 아울러 과실의 맛을 끌어올리는 최적의 환경을 만드 느라 에너지 소비도 덩달아 많아진다. 이럴수록 환경도 점차 망가질 것이다. 그래서 최재천은 이렇게 충고한다.

식물들이 정상적으로 제작하는 '살충제' 중에도 치명적인 것들이 있다. 우리는 그보다 훨씬 엄청난 독으로 과일이나 채소들의 몸매를 예쁘게 가꿔 주고 있다. 벌레 먹은 과일이 더 아름답다는 걸 알아야 한다. (…) 소비자들이 가게에 가서 "벌레 먹은 과일은 없나요?"라고 말하기 시작하면 상인들이 알아서 농민들에게 살충제를 뿌리지 말라고 요구할 것이다. (…) 과일과 채소의 한쪽 구석에서 먼저 얌전하게 시식해 준 벌레들에게 도리어 고마워할 일이다.[6]

구달의 가르침도 다르지 않다. 그는 "한 사람 한 사람이 차이를 만든다."라는 사실을 기억해야 한다고 강조하며, '생각하고 먹기 (mindful eating)'를 끊임없이 조언한다. 80억 인구가 먹거리를 사고 먹을 때마다 올바른 선택을 한다면 세상과 환경은 지금보다 훨씬 바람직한 모습으로 바뀔 것이다. 그렇다면 제대로 된 먹거리를 선택하는 기준은 무엇이어야 할까?

고기반찬은 어떻게 흔해졌을까?

잡식동물은 대부분 풀떼기보다 고기를 좋아한다. 심지어 침팬지

들도 고기 앞에서는 무서운 우두머리 수컷의 위협도 통하지 않을 정도라고 한다. 이는 사람도 마찬가지다. 하지만 자연 상태에서는 고기를 얻기가 무척 어렵다. 그렇기에 육식도 별로 비윤리적으로 보이지 않았다. 왜 그럴까? 영국의 철학자 제러미 벤담^{Jeremy Bentham}의 말을 들어 보자.

> 우리에게는 육식이 나쁘지 않으며, 인간에게 도륙되는 동물의 입장에서도 그렇다. (…) 동물들이 우리 손에 죽을 때는 빠르고 덜 고통스러운 방식으로 죽음을 맞게 되기 때문이다. 자연 속에서는 느리고 훨씬 더 잔인한 죽음이 그들을 기다리고 있다.

자연 상태에서도 살아 있는 것들은 서로 잡아먹고 잡아먹힌다. 따라서 인간이 다른 동물을 먹는 일이 새삼스러울 것도 없다. 게다가 인간은 먹거리가 되는 동물들을 가축으로 만들어 살찌우고 보살펴 주지 않던가? 평온한 삶을 보내다가 한순간에 고통받고 목숨을 잃는 상황과, 거친 야생에서 평생 끊임없이 불안과 굶주림에 시달리다가 모진 죽음을 맞는 운명 가운데 어느 쪽이 낫겠는가? 그래서 벤담은 인간의 육식이 동물에게도 해롭지 않다고 담담하게 주장했다.

하지만 그의 시대에는 지금 같은 '공장식 농장(factory farm)'이 없었다. 오늘날에는 사냥꾼보다 마트에서 돼지고기 햄을 사는 이들이 더 잔혹한 자일 수 있다. 무슨 말이냐고? 공장식 농장의 모습을 조금만 살펴봐도 이유는 분명해진다.

'배터리 케이지'로 불리는 기다란 닭장에 갇힌 닭들은 A4 용지 정도의 공간 위에서 평생을 보낸다. 당연히 스트레스가 많아서 다른 닭들을 쪼게 될 수밖에 없다. 그러면 양계업자들은 환경을 좋게 만들어 주기보다 닭의 부리를 아예 기계로 잘라 버린다. 비용을 줄이기 위해서다.

소들은 또 어떤가? 되새김질을 하는 소들은 풀을 먹어야 한다, 하지만 풀 사료는 비싸다. 게다가 살을 찌우기 위해서는 곡식을 먹이는 편이 빠르다. 오늘날 대부분의 소는 곡물로 된 사료를 먹는다. 이는 사람으로 치자면 밥 대신 사탕만 매일 먹는 것과 비슷하다. 당연히 속쓰림과 온갖 질병에 시달릴 수밖에 없다.

돼지의 처지는 소개하기가 끔찍할 정도다. 어미 돼지는 새끼를 낳자마자 아예 몸을 돌리지도 못할 공간에 갇혀 새끼들에게 젖을 물리는 모양 그대로 누워 지내야 한다. 새끼 돼지도 대부분 살을 찌우기 위해 움직이기도 힘든 좁은 우리에 갇혀서, 다른 돼지를 자극하지 않도록 꼬리와 이빨이 잘린 채 자기가 싼 똥오줌 속에서 지낸다. 지능이 높고 야생에서는 자신을 깔끔하게 가꾸는 돼지에게 이런 처지가 얼마나 고통스러울지 떠올려 보라.

물론 가축들에게 살 만한 환경을 마련해 줄 수도 있다. 이 경우 비용은 천정부지로 치솟는다. 얼마 되지 않는 닭 한 마리 값, 서민 먹거리라 불리는 삼겹살의 착한 가격이 어떻게 가능할까? 고기의 싼 가격에는 동물의 엄청난 고통이 담겨 있다. 고기반찬이 나왔다고 좋아하기 전에, 이들이 겪었을 엄청난 학대를 상상해 보라. 그래도 고기를 맛있게 먹을 수 있을까?

나쁜 업을 쌓지 마라

우리가 먹는 풍족한 식단에는 동물들의 고통이 뒤따른다. 동물들의 아픔은 여기서 그치지 않고 인간에게까지 고스란히 피해로 이어진다. 원래 소는 꿀을, 돼지는 음식물 찌꺼기를 먹고, 닭은 마당에서 벌레 등을 잡아먹었다. 지금은 소나 돼지나 닭이나 사람이나 모두 같은 음식을 먹는 형국이다. 콩과 옥수수가 주가 되는 사료와 음식을 먹는다는 의미다.

이는 심각한 비만 문제를 낳고 있다. 똑같은 식재료를 먹는다고 해도 그 안에 담긴 성분은 과거와 다르다. 예전 밥상에는 오메가3지방산이 많았다. 이는 지방세포가 만들어지고 커지지 못하도록 막는 물질이다. 반면에 식탁에서 고기의 비중이 커지면서 지금 먹거리에는 오메가6지방산이 훨씬 많다. 이는 지방세포를 만들고 키우는 성분이다. 선진국에서 다이어트 산업이 번성했어도 비만 문제가 좀처럼 사라지지 않는 이유는, 이런 식재료의 변화가 큰 몫을 한다. 프랑스의 농업공학자인 피에르 베일Pierre Weill의 주장이다.

이 때문에 그는 '돼지나 소의 먹는 방식을 바꾸는 것이, 그 돼지나 소로부터 먹거리를 얻는 사람들의 식생활을 바꾸는 것보다 훨씬 바람직하다'고 주장한다. 인간에게까지 해로움이 오지 않게 하려면 가축들의 먹거리와 생활을 잘 보살펴야 한다는 의미다. 불교의 연기설(緣起說)에 따르면, 세상 모든 생명은 서로 맞닿아 있다. 누군가에게 고통을 안기면 언젠가는 그 아픔이 나에게 고스란히 돌아오게 되어 있다. 불교신자들은 "나쁜 업(業)을 쌓지 말라"고 충고하곤 한다. 늘 상대의 입장에서 생각하며 선하고 올바르게 처신하라는 뜻이다. 이런 가르침은 먹거리에서만큼은 이제 매우 현실적인 조언이 되었다. 가축들에게 먹인 항생제와 호르몬제, 농작물에 뿌린 온갖 약품이 이를 먹는 인간의 몸에 차곡차곡 쌓이기 때문이다.

게다가 나쁜 먹거리와의 '인연'은 인간을 넘어 환경까지 무너뜨린다. 예컨대 양상추 400g은 44kcal 정도다. 이를 재배하고 냉장한 뒤 물로 씻고 도시로 옮겨 오기까지 대략 4,600kcal가 넘는 화석연료를 태워야 한다.

가축의 경우는 더 말할 것도 없다. 빽빽하게 축사에 모아 키우는 소, 돼지들이 내놓는 배설물은 썩어서 땅의 비료가 될 틈이 없다. 폐기물이 되어 강과 바다를 오염시킬 뿐이다. 이쯤 되면 입맛 당기는 대로 편리하게 먹은 음식들이 나와 세상을 어떻게 망가뜨리는지 분명하게 다가올 듯싶다.

사찰 음식의 지혜, 모든 먹거리는 다 생명이었다

그럼에도 길들여진 입맛을 바꾸기란 무척 어렵다. 아무리 논리적으로 생각해도 나의 뇌와 위장은 여전히 기름진 고기가 많은, 그것도 값싸고 푸짐한 '가성비 좋은' 식단에 끌린다. 그래서 '나와 세상을 구하는 식습관'을 만들기 위해서는 꾸준한 노력이 필요하다. 이렇게 하는 데는 불교가 일러 주는 생활 자세가 큰 도움이 된다.

> 이 음식이 어디서 왔는가.
> 내 덕행(德行)으로 받기가 심히 부끄럽네.
> 마음의 온갖 욕심 버리고
> 육신을 지탱하는 약으로 삼아
> 진리를 실현하고자 이 공양을 받습니다.

여느 공양간(절의 식당) 벽에 흔히 붙어 있는 식사 기도문이다. 한마디로 모든 먹거리는 원래 생명체였음을 잊지 말라는 뜻이다. 불교에서는 스스로의 노력으로 깨달음을 얻어 자신을 구원해야 한다고 강조한다. 식욕을 다스리는 일은 자기를 구하는 출발점이다. 몸은 다른 생명을 먹어야만 지탱할 수 있다. 내가 살아 있다는 사실은 그만큼 다른 생명들에게 신세 지고 있다는 의미도 된다.

그런데 만약 내가 살아가는 수준을 넘어서 먹거리를 차고 넘치게 즐기고 있다면 어떨까? 나의 쾌락을 위해 다른 생명체에게 큰 고통을 안겨 준다는 의미가 아닐까? 식탁에 더 많은 먹거리가 오르기 위해 더 많은 생명이 목숨을 잃어야 한다면, 이를 바람직하다고 말할 수 있을까?

이 때문에 불교에서는 음식을 맛으로 먹지 말고 약으로 받아들이라고 가르친다. 인간은 고기소가 아니다. 고기소에게 사료를 먹이는 까닭은 살을 찌우기 위해서다. 반면에 인간이 양식(糧食)을 먹는 이유는 건강을 유지해 더 좋은 삶을 살기 위해서다. 따라서 음식의 맛을 탐내기보다, 어떻게 하면 내 정신을 지키고 육체를 잘 다스릴지를 생각하며 신중하게 입에 넣어야 한다.

> 음식을 맛으로 먹지 말라. 음식에 맛을 내기 위해 이것저것 자꾸만 첨가제를 섞지 말라. 음식은 맛으로 먹는 게 아니라 약으로 먹는 것이다. (⋯) 우리의 먹을거리가 지금 자신의 모습을 만들어 내는 것이다. 몸은 자신을 담는 그릇이라는 것을 잊지 말라. 자기 스스로 만족하는 몸을 얻고 싶다면 자신의 먹을거리부터 돌아보아야 할 것이다.[7]

사찰음식 전문가인 대안 스님의 말이다. 불교에서는 오신채(五辛菜)를 못 먹도록 막는다. 이는 자극이 세고 냄새가 강한 마늘과 파, 부추, 달래, 흥거 등의 채소를 말한다. (우리나라에서는 흥거가 나지 않기에 대신 양파를 먹지 않는다.) 자극적인 먹거리는 이를 먹는 사람의 성품도 그에 맞게 바꾸어 놓는다. 짜릿한 자극에 길들여지면 늘 그만한 것을 바라게 되지 않던가? 달고 짠 음식을 즐기는 이는 담담함을 편안함보다 지루함으로 여기기 쉽다. 반면에 담백한 음식에 익숙한 이는 좀처럼 흥분하지 않으며 차분하다. 따지고 보면 불교의 가르침은 인스턴트의 폐해를 지적하는 현대 식품영양학의 주장과 크게 다르지 않다.

입맛을 바꾸는 데는 엄청난 참을성과 노력이 필요하다. 이런 과정에서 길러진 인내심은 내 삶의 다른 부분을 바꾸는 데도 큰 도움이 된다. 불교에서 식습관을 바꾸는 노력을 자기 수양의 출발로 보는 이유다. 달고 기름진 음식에 정신이 홀린다면, 이 음식이 생명이었을 때의 모습을 떠올려 보라. 그리고 자신뿐 아니라 많은 사람이 이런 먹거리를 즐길 때 세상은 어떤 모습으로 바뀔지 생각해 보라.

음식 혁명이 필요하다

존 로빈스John Robbins는 세계적인 아이스크림 업체인 '배스킨라빈스'의 후계자가 될 운명이었다. 그러나 그는 억만장자의 미래를 버리고 환경운동에 뛰어들었다. 로빈스는 『존 로빈스의 음식 혁명』에서 우리가 올곧은 입맛을 선택해야 인류의 미래를 희망으로 채울 수 있다고 힘주어 말한다.

천문학적인 수치의 물, 에너지, 곡물, 땅을 이용하여 생산한 고기는 앞으로도 슈퍼마켓에서 킬로그램당 몇 달러에 팔려 나갈 것인가? 아니면 오염 유발 업계에 대한 지원을 중단하고, 우리가 사고파는 모든 물건의 생산비에 생태적 비용까지 포함될 수 있도록 환경세를 제도화할 것인가?

우리는 앞으로도 자연계와 다른 생물체들을 돈으로 환산할 수 있는 상품으로만 간주할 것인가? 아니면 지구상에 살고 있는 생물들을 우리 공동체의 일부, 우리가 삶을 의존해야 할 대상으로 인식하면서 존경심을 품고 살아갈 것인가?[8]

여기에 대한 답은 우리가 어떤 식습관을 기를지에 따라 달라질 것이다. 로빈스에 따르면, 음식 문화를 바꾸는 일은 '혁명'과도 같다. 인종차별이 당연한 상식이며 절대 바뀌지 않을 현실인 듯 여겨지던 때도 있었다. 불과 몇십 년 전만 해도, 남녀 차별은 당연한 '상식'처럼 여겨지곤 했다. 그러나 지금은 이것들이 전혀 올바르지 않다는 사실을 누구나 받아들인다.

로빈스는 음식을 대하는 우리의 자세도 마찬가지라고 말한다. 풍요로운 우리의 식탁은 절대 정상적이지도(Normal), 자연스럽지도(Natural), 필수적이지도(Necessary) 않다. 이 세 가지 N(3N)에 대한 믿음에 과감히 맞서는 이들이 늘어날수록 나와 인류의 미래는 밝고 건강해진다. 물론 이를 몇몇 사람만 꾸준히 실천하기는 어렵다. 함께하는 이가 많아져야 한다. 이는 새로운 음식 문화를 만들어 가는 일이다. 모두 함께 새로운 식습관을 만들어 가려면 어떻게 해야 할까? 다음 장에서 우리는 이 물음에 대해 깊이 생각하게 될 테다.

| 생각이 담긴 식탁 |

피타고라스의 생명 사랑을 담은 식사

"음식으로 당신의 육체를 더럽히지 마십시오. 우리에게는 곡식이 있고, 가지가 휘어지도록 달린 과일이 있습니다. (…) 그런데도 우리 몸을 살찌우기 위해, 배를 탐욕스럽게 채우기 위해 동물의 살을 먹다니, 얼마나 사악한 일입니까?"

고대 로마 시인 오비디우스Publius Ovidius Naso의 『변신 이야기』에 나오는 피타고라스Phythagoras의 가르침이다. 다른 먹거리가 많은데 굳이 생명을 죽여서까지 육식을 해야 하느냐는 피타고라스의 주장은 충분히 새겨들을 가치가 있다. 우리가 꼭 고기를 먹어야 할 이유는 없다. 하지만 육식에 대한 욕망은 인간이 이겨 내기에는 너무나 강렬하다.

인류 문명은 본능을 이겨 내며 발전해 왔다. 철학자 헤겔Georg W. F. Hegel에 따르면, 역사는 자유의 확대 과정이다. 처음에는 권력자 한 사람만 자유롭다가 귀족들까지 자유로운 시대로 접어들었고, 마침내 모든 시민이 존중받는 세상에 이르렀다. 지금도 자유와 권리는 계속 확대되는 중이다. 인간 아닌 생물들도 충분히 존

엄하다는 '동물권'은 점점 우리에게 '상식'으로 자리 잡고 있다. 그렇다면 동물권과 '육식을 할 권리'는 과연 함께 갈 수 있을까?

우리가 먹는 고기에는 대부분 동물의 형체나 흔적이 남아 있지 않다. 잘 다듬어서 '음식 재료'로 정리된 탓이다. 만약 살코기를 팔 때마다 생전의 모습을 사진으로 보여 주고, 어디서 태어났으며 어떻게 살다가 도축되었는지, 성격은 어땠는지, 좋아하는 사료는 무엇이었는지를 상세하게 적어 놓았다고 해 보자. 그래도 내 앞에 있는 고기를 맛있게 먹을 수 있을까? 생명을 존중하는 식사는 내 앞에 있는 음식이 한때는 살아 있는 생명이었다는 사실을 잊지 않는 데서 출발한다.

PART 5

집밥의 매력

지중해 사람들은 왜 살이 안 찔까?

음식에도 문법이 있다

가격이 저렴한 식당 입구에는 조그마한 커피자판기가 놓여 있다. 이는 '봉지커피'가 한창 자리 잡던 때의 유산이다. 한때는 '밥 먹고 믹스커피 한 잔'이 당연한 코스처럼 여겨지곤 했으니 말이다. 식후에 디저트를 먹는 습관이 우리 사회에 자리 잡은 지금은, 봉지커피를 대신하는 다양한 먹거리가 등장했다. 식당에서 나가는 즉시 테이크아웃 커피를 찾아 나서거나 아이스크림 혹은 달콤한 과자, 음료를 입에 대는 이가 적지 않다.

곰곰이 생각해 보면 디저트는 이상한 식습관이다. 이미 배가 부른데 무엇을 또 배에 집어넣는단 말인가? 하지만 모든 문화현상에는 나름의 이유가 있다. 문화학자 주영하는 『한국인은 왜 이렇게 먹을까?』에서 봉지커피로 나타난 우리나라식 디저트 문화의 뿌리를 '숭늉'에서 찾는다.

옛날에는 큰 무쇠솥에 밥을 지었다. 무쇠솥은 구조상 들어내어 설거지하기가 무척 어렵다. 그 때문에 밥을 지은 뒤에는 물을 부어

끓이곤 했다. 말라붙은 밥알들을 떼어 내기 쉽게 불리기 위해서다. 누룽지와 숭늉은 이 과정에서 만들어지는 '부산물'이다. 전기밥솥이 널리 퍼지기 시작하자 '식사 뒤 숭늉'은 서서히 자취를 감췄다. 전기밥솥으로 밥을 지을 때는 누룽지가 생기지 않을뿐더러, 솥을 꺼내어 헹구기도 쉽기 때문이다.

그럼에도 식사를 마친 뒤 따뜻한 무언가를 마시는 습관은 좀처럼 사라지지 않았다. 6·25 전쟁 이후 미군 부대를 통해 시장에 풀린 인스턴트커피 가루, 여기에 '프리마'와 설탕을 타서 달콤하게 마시는 '다방 커피'는 숭늉의 자리를 빠르게 대신했다. 이윽고 등장한 봉지 커피가 다방 커피의 연장선상에 있다.

문법 따로, 어휘 따로 공부하며 아기들이 모국어를 익히는 경우는 없다. 일상에서 말을 쓰다 보면 자연스레 문법과 어휘가 두뇌에 새겨진다. 주영하에 따르면, 음식 문화도 다르지 않다. 우리는 무의식적으로 무엇을 언제, 어떻게 먹을지를 숱하게 반복하며 배웠다. 식사를 마친 뒤 무언가를 입가심으로 마시는 습관도 그중 하나겠다. 이렇게 몸에 밴 음식 문화에는 사실 엄청난 지혜가 담겨 있다.

밥, 국, 반찬은 어떻게 기본 식단이 되었을까?

동아시아 식단에서 밥, 국, 반찬은 기본 상차림이다. 우리가 입는 옷과 사는 집은 이미 서구식으로 바뀐 지 오래다. 그러나 밥상은 여전히 밥, 국, 반찬 형태로 되어 있다. 왜 그럴까? 여기에는 나름 합리적인 '음식 문법'이 숨어 있다.

주식인 밥은 전분으로 되어 있다. 탄수화물이 주된 영양소인 셈이다. 반면에 국과 반찬은 단백질과 지방 등 나머지 영양소를 중심으로 꾸려진다. 밥에는 소금이 들어가 있지 않다. 그래서 밥만 있으면 밍밍하여 먹기 힘들다. 간이 된 국과 반찬은 그 자체로 짜다. 하지만 밥과 같이 먹을 때는 식욕을 돋운다.

서구의 식단에도 나름의 음식 문법이 있다. 서양은 분식(粉食)을 주로 한다. 밀가루를 빻아 가루로 만든 다음, 이를 다시 물과 섞어 반죽해서 먹는 식이다. 이 과정에서 이미 주식에 소금이 들어가기 때문에 서구에서는 빵과 국(스프)을 함께 먹는 경우가 드물다. 식사 순서도 샐러드 등의 채소와 빵으로 배를 채운 뒤 이보다 비싼 음식인 고기와 생선 요리 등을 먹고, 설탕이 담뿍 든 달콤한 디저트로 마무리하는 코스다. 재료에 드는 비용을 줄이려는 경제적인 배려가 느껴지는 대목이다.

나아가 일본 사람들은 생선회를 먹을 때 고추냉이(와사비)를 함께 먹는다. 고추냉이는 균을 죽이는 식재료다. 열대지방 요리에 강렬한 향신료들이 들어가는 까닭도 다르지 않다. 중앙아프리카 사람들은 옥수수와 함께 라임을 요리해서 먹는다. 그래야 필요한 영양 성분이 부족하지 않게 된다.

이렇듯 오랜 세월을 거쳐 자리 잡은 전통 식단에는 위생과 영양의 균형, 경제성이 모두 고려되어 있다. 그래서 식단의 '기본 공식'이 깨지면 불편한 마음이 든다. 예컨대 반찬으로 빵이 나온다면 어떨까? 왠지 어색하고 불편할 테다. 쌀밥을 먹은 뒤 디저트로 가래떡이 나왔다면? 물론 이렇게 먹지 말라는 법은 없다. 그래도 전통적인 식단의 '공식'을 유지하는 편이 더 나을 듯싶다. 이런 음식 구성에는 탄수화물밖에 없기 때문이다.

음식 금기에 담긴 합리성

전통 식단이 뛰어난 이유는 영양이 균형을 이뤘다는 점에 그치지 않는다. 각 문화마다 금기시하는 음식들이 있다. 예컨대 힌두교도들은 쇠고기를, 이슬람 신자들은 돼지고기를 먹지 않는다. 미국의 인류학자 마빈 해리스Marvin Harris는 그 이유를 이렇게 설명한다.

이슬람에서 돼지를 안 먹는 까닭에는 역사적인 사연이 있다. 원래 중동 사막 지역에서 돼지고기는 고급 음식이었다. 돼지는 열이 많은 동물이라 기르는 데 물이 많이 필요하다. 또 사람이 먹는 식재료를 똑같이 먹는다. 이 때문에 돼지를 많이 기르면 사람이 먹을 소중한 식량과 물이 축나게 된다. 이슬람교와 마찬가지로 사막에서 피어난 종교인 유대교에서도 돼지고기가 금기 음식이다. 해리스의 설명대로라면, 중동 사막 지역에 널리 퍼진 종교들이 돼지고기를 금지한 까닭은, 그것이 사람들의 생계를 위태롭게 하는 '상류층의 과소비

식단'이었기 때문이다.

쓸모 있는 동물들도 먹거리에서 제외되곤 한다. 인도에서 소를 숭배하는 풍습은 이것으로 설명된다. 소는 밭을 가는 데 없어서는 안 될 짐승이다. 소의 젖과 그 젖으로 만드는 치즈는 훌륭한 영양식이다. 소똥은 또 어떤가? 비료가 될뿐더러 말려 놓으면 냄새가 없고 화력도 강한 연료가 된다.

게다가 소는 음식을 두고 인간과 다투지 않는다. 소들은 거리를 쏘다니며 풀과 음식물 쓰레기 더미를 우적우적 먹어 치운다. 쓰레기를 연료와 음식으로 바꿔 주는 '환경 도우미'인 셈이다. 소를 잡아먹기보다 못 먹게 하는 편이 훨씬 이익이 되겠다. 그러니 소를 신성하게 여긴다고 해서 이를 반대할 힌두교인이 있을 리 없다.

한편 말고기는 기름기가 적고 무척 부드럽다. 그래서 일본인들은 육회로 말고기를 즐긴다. 그러나 대부분의 문화권에서 말고기는 '비상식량'일 뿐이다. 이유는 인도에서 소를 못 잡게 하는 것과 맞닿아 있다. 사람들이 말고기에 맛을 들이면 어떻게 될까? 틈만 나면 귀중한 일꾼을 잡아먹으려 할 테다. 금기는 예외가 없을 때 강력해진다. 병든 말이건, 죽은 말이건, 말고기는 무조건 못 먹게 해야 튼실한 말을 보며 군침 삼키는 일이 안 생긴다. 이슬람교가 돼지를, 힌두교가 소를 아예 먹지 못하게 '금기'로 묶어 놓은 까닭에도 마찬가지로 합리적인 이유가 있다. 『음식문화의 수수께끼』에 나오는 해리스의 말을 직접 들어 보자.

세계적인 돼지 생산국인 중국에는 이슬람교가 거의 침투하지 못했으며 이슬람교는 대개 중국 서부의 사막이나 반사막 지역에 국한되어 있다. 달리 말하면 오늘날까지도 이슬람교의 지리적 한계는 돼지를 기르기에 적합한 숲 지역과 태양이 너무 강하고 건조하고 더워서 돼지를 기르는 것이 무모하고 힘드는 곳 사이의 생태적인 변이 지역과 일치한다.[9]

지중해 식단의 역설

프랑스나 이탈리아 같은 지중해 지역의 식단은 '건강식'과는 거리가 멀다. 그들은 식사 때마다 와인을 곁들이곤 한다. 끼니마다 음주를 하는 셈이다. 게다가 음식은 대부분 탄수화물과 지방이 과잉된 상태다. 스파게티와 피자, 리소토 등을 술과 함께 매끼 먹는다고 생각해 보라. 게다가 별식으로 푸아그라나 트리플 크림치즈처럼 지방이 잔뜩 낀 음식을 거리낌 없이 먹는다. 나아가 다디단 푸딩 같은 디저트로 식사를 마무리한다.

그렇지만 지중해식 상차림은 가장 건강한 식단으로 손꼽힌다. 이 지역에는 심장질환이나 당뇨병 등 음식으로 생긴 병을 앓는 사람도 적다. 왜 그럴까? 마이클 폴란은 그 이유를 음식 문화에서 찾는다.

폴란에 따르면, 지중해 사람들은 많이 먹지 않는다. 게다가 끼니 외에는 간식을 잘 먹지 않으며, 음식을 혼자 먹는 경우가 거의 없다.

여럿이 함께 천천히 식사를 즐긴다. 음식마다 빠지지 않고 들어가는 올리브기름 등은 몸에 좋은 오메가3지방산을 공급해 준다.

지중해 음식은 가장 세계화된 먹거리이기도 하다. 서구 사회에서 피자와 스파게티는 대표적인 외식 메뉴로 손꼽힌다. 그러나 지중해를 벗어난 곳에서 이 음식들은 지방과 탄수화물, 설탕으로 범벅이 된 '건강에 해로운 음식의 대명사'이자 '다이어트의 적'으로 어두운 명성을 누리고 있을 뿐이다. 왜 이런 현상이 벌어지는지 설명하기는 어렵지 않다. 건강을 지키는 음식 문화는 빠진 채 음식 자체만 곳곳으로 뻗어 나가 뿌리내린 탓이다.

식생활의 카오스 상태

전 세계 식단은 혼란에 휩싸여 있다. 예컨대 우리나라에서는 밀이 거의 나지 않는다. 하지만 밀가루가 주재료인 분식을 밥보다 더 많이 먹는 이가 드물지 않다. 커피를 입에 달고 사는 사람도 적지 않은데, 정작 커피나무는 이 땅에서 자라지도 않는다.

이제 먹거리 가운데 상당수는 산지(産地)와 소비되는 곳이 전혀 다르다. 전 세계 사람들은 칠레산 체리를 즐기고, 동남아산 바나나를 먹으며, 값싼 미국산 쇠고기로 몸보신한다. 이렇게 먹어도 아무런 문제가 없을까? 잠깐 생각해도 전 세계인이 먹을 만큼 작물을 키우고 이를 운반하는 과정에서 환경이 파괴된다는 사실을 짐작하는 것은 어렵지 않다.

우리는 소시지나 햄 같은 서구의 대중음식 재료부터 일식, 중화 요리, 베트남 음식, 태국 먹거리까지 세상의 다양한 식재료를 쉽게 접하는 시대를 살고 있다. 이에 따라 무엇과 무엇을 같이 먹어야 하는지에 대한 '음식 궁합'도 혼란스럽다. 한마디로 현대는 온갖 먹거리가 벌이는 '식생활의 카오스' 상태다.

마이클 폴란은 때마다 각종 식이요법이 유행을 타는 이유를 세계화 시대에 정립된 음식 문화가 없다는 데서 찾는다. 지금 간헐적 단식이 유행인 것처럼, 19세기 말 미국에서는 포도로만 식사를 하는 '과학적 섭식'(?)이 인기를 끌었다. 우리 사회에서도 고기로만 식단을 채우는 '황제 다이어트'부터 반복되는 각종 비타민과 건강식품 붐에 이르기까지, 먹거리를 두고 벌어지는 혼란이 끊이지 않는다.

사실 가정에서 직접 만들어 먹는 전통 식단은 상당히 보수적이다. 사회가 발전하고 먹거리가 풍족해졌다고 해도 할머니가 끓여 주시는 된장찌개 맛이 변하기를 바라는 사람은 거의 없다. 고향 음식에 대한 향수(鄕愁)도 마찬가지다. 그러나 우리가 외식할 때의 식성은 진보에 가깝다. 일상의 지루함을 깨는 낯설고 새로운 음식에 혀가 끌린다는 의미다.

사회생활을 하는 이들은 집에서 밥을 해 먹기보다 밖에서 식사하는 경우가 더 많다. 집에서 끼니를 해결한다고 해도, 냉동식품과 간단히 조리만 하면 바로 먹을 수 있는 간편식들이 밥상을 지배한다. 이런 식사에는 '정해진 식사 문화'가 거의 없다. 편하게 앉아 시선은 화면으로 돌린 채 먹거리들을 이것저것 펼쳐 놓고 음식을 '들이켜고' 있는 모습을 떠올려 보라. 이렇게 먹고도 건강하기를 바라는 것은 과한 소망이 아닐까?

신토불이가 정답은 아니다

그렇다면 건강한 음식 문화를 갖추기 위해서는 어떻게 해야 할까? 신토불이(身土不二)를 외치며 바다 밖에서 들어온 온갖 먹거리를 밀쳐 내야 할까? 이는 가능하지 않을뿐더러 바람직하지도 않다. 장 브리야사바랭이 『브리야사바랭의 미식 예찬』에서 소개하는 19세기 파리의 여느 레스토랑 식재료들을 잠깐 살펴보자.

비프스테이크, 웰시 래빗, 펀치 등은 영국 요리를 모방한 것이다. 슈크루트, 함부르크식 쇠고기 요리, 슈바르츠발트의 햄 등은 독일에서 오며, 올라 포드리다, 이집트콩 요리, 말라가의 건포도, 제리카의 후추 햄, 달콤한 포도주 등은 스페인에서, 마카로니, 파르메산, 볼로냐소시지, 폴렌타, 아이스크림, 리쾨르 등은 이탈리아에서, 말린 고기, 훈제 장어, 캐비어 등은 러시아에서, 대구, 치즈, 식초에 절인 청어, 퀴라소, 아니스 술은 네덜란드에서, 인도 쌀, 사고, 카레, 간장, 시라즈 포도주, 커피는 아시아에서, 케이프 포도주 등은 아프리카에서, 그리고 마지막으로 감자, 고구마, 파인애플, 초콜릿, 바닐라, 설탕 등은 아메리카에서 온다.[10]

이미 19세기에 식단은 세계화되어 있었다. 아니, 이전부터 식탁은 언제나 세계화되는 과정을 밟고 있었다. 이탈리아 음식에 빠짐없이 들어가는 토마토는 1492년 신대륙이 알려지기 전까지 아예 유럽에 없었다. 우리 음식에 가장 흔한 재료인 고추도 임진왜란(1592) 전까지는 이 땅에 없던 식재료다.

전통은 새로운 것을 받아들이고 계속 적응하는 가운데 만들어진다. 옛것만 고집한다면 이는 과거의 유산(遺産)은 될 수 있어도 전통은 되지 못한다. 쇠고기와 닭고기 등 해외의 값싼 먹거리들이 밀려들어 와서 비만 인구가 늘어나고 건강이 나빠진다는 걱정의 목소리도 많다. 그러나 그 덕분에 영양 상태가 좋아져 평균수명이 늘어났다는 사실도 소홀히 여겨서는 안 된다. 그렇다면 바람직한 음식 문화는 어디서 찾아야 할까?

간무변가 요리의 지혜

현장에서 잔뼈 굵은 이들의 경험은 책으로만 세상을 배운 자들의 지식과 차원이 다르다. 이를 고대 그리스의 철학자 아리스토텔레스는 프로네시스(phronēsis), 즉 '실천적 지혜'라고 불렀다. 실천적 지혜란 '중용'을 찾는 능력이다. 예컨대 용기는 만용과 비겁 사이에 있다. 절제는 낭비와 인색 가운데 어딘가에 있다. 이는 말로 콕 짚어 내기가 어렵다. 숱한 시도와 실패를 겪은 뒤에 얻을 수 있는 노하우라 하겠다.

어느 집에나 '붙박이 음식'이라 할 만한 메뉴가 있다. 가정에서 만들어 먹는 일상의 식단은 한꺼번에 바뀌는 경우가 거의 없다. 특별한 날이 아닌, 늘 언제나 자연스럽게 먹는 우리 집 음식들을 떠올려 보라. 오랫동안 거듭해서 먹을 수 있다는 것은 생활과 건강에 무리가 없음을 뜻한다.

가정식은 그 자체로 프로네시스를 담고 있다고 할 만하다. 레시피나 계량컵 없이도 그날그날 식재료의 상태에 따라, 나아가 식구들의 건강상태 등을 섬세하게 고려해 적당한 메뉴로 알맞게 식탁이 차려진다. 된장찌개나 김치찌개같이 우리가 일상에서 흔하게 먹는 '간무변가 요리'(간단하지만 무한정 변형이 가능한 요리)에는 바람직한 음식 문화와 전통이 자연스레 녹아 있다.

그러나 일상의 간무변가 요리들이야말로 가장 위태롭고 공격받기 쉬운 영역이기도 하다. 이윤을 좇는 이들로서는 매일매일 거듭해서 써야 하는 것들이 최고의 황금 시장이다. 수요가 매일같이 끊이지 않고 안정적으로 생겨나는 까닭이다. 그래서 식품 기업들은 사람들이 식단을 꾸릴 때 끊임없이 개개인의 프로네시스를 키우기보다,

조리법과 재료를 통일하고 메뉴를 획일화하는 쪽으로 이끌려고 한다. 이런 이유로 가정과 사회의 음식 문화는 이제 개개인의 건강 유지 수준을 넘어서는 문제다. 음식 문화를 제대로 가꾸는 일은 한 사회의 산업 자체를 변화시켜야만 하는 일이기 때문이다. 다음 장부터 우리는 음식과 사회에 얽힌 문제들을 찬찬히 살펴볼 것이다.

이마누엘 칸트의 1일 1식 하기

이마누엘 칸트Immanuel Kant는 정확하고 규칙적인 사람이었다. 그는 매일 오후 3시 30분에 산책을 했다. 그가 거니는 모습을 보고, 쾨니히스베르크 시민들이 시계를 맞추곤 했다는 일화는 잘 알려져 있다. 칸트의 매일매일은 똑같았다. 새벽 5시에 일어나, 홍차 두 잔을 마시고 강의 준비를 한다. 7시에 대학으로 출근해서 강의를 하고 9시에 돌아와 12시 45분까지 글을 쓴다.

그 후에는 12시 45분부터 15시 30분까지 길게 점심을 먹었다. 하루 중 유일한 식사 시간이었다. 칸트는 혼자 식사를 하지 않았다. 다양한 사람들을 초대하여 대화를 나누곤 했다. 이후로는 유명한 산책이 이어졌고, 저녁에는 가벼운 읽을거리를 보다가 10시 정각에 잠자리에 들었다.

여기까지만 보면, 칸트는 앞뒤가 꽉 막힌 답답한 사람인 듯 보인다. 그러나 재치 넘치고 위트 가득한 칸트는 언제나 인기가 많았다. 세상 물정에도 밝았고, 돈 관리도 꼼꼼하게 잘 해냈다. 앞서 소개한 칸트의 일과가 50세 즈음에 생활이 안정된 상태에서

굳어졌음을 놓치지 않기 바란다. 젊은 시절, 칸트는 여느 또래들처럼 내기 당구를 하기도 했다. 시간강사로 오랫동안 생계를 꾸려야 했으니 생활도 규칙적이기는 어려웠을 듯하다. 칸트의 일상 루틴(routine)은 숱한 시행착오 끝에 마침내 자신에게 최적화된 상태에 이른 것이라 할 수 있겠다. 그는 어떤 상황에서도 무리하지 않았다. 대학자(大學者)였음에도 하루 3시간 이상 연구에 매달리지 않았다. 대신, 자신의 몸과 정신이 감당할 수 있는 수준에 맞추어 매일 예외 없이 해야 할 일을 꾸준히 이어 갔다.

그의 식습관도 다르지 않았다. 칸트는 결코 건강 체질이 아니었다. 그래도 자신의 몸을 잘 관리해서 80세까지 장수할 수 있었다. 그의 식사 습관은 지금의 의사들이 권하는 바 그대로다. 적게 먹을 것, 그리고 좋은 사람들과 즐겁게 대화하면서 먹을 것, 규칙적으로 먹을 것. 하루에 꼭 세 끼를 먹어야 하는 것은 아니다. 한 끼를 먹더라도 제대로 즐겁게 먹는다면, 칸트처럼 명쾌한 정신도 덤으로 얻게 되지 않을까?

PART 6

패스트푸드 제국

음식은 우리에게 상품이다

식탁은 시대정신을 비춘다

나폴레옹Napoléon Bonaparte이 식탁 앞에 머무는 시간은 12분을 넘지 않았다. 황제가 된 뒤에도 그는 매너나 격식하고는 거리가 멀었다. 포크나 스푼 대신 맨손으로 음식을 먹는 일도 잦았다. 심지어 다른 사람의 잔에 든 포도주를 들이켜기도 했단다.

그는 "군인은 위장으로 전진한다."라는 말을 남길 만큼 부하들의 먹거리에 신경 썼다. 나폴레옹이 좋아한 음식은 콩, 양 가슴살구이 등 간단히 요리할 수 있는 것이었다. 특히 값싼 닭고기 요리인 '치킨 마렝고'를 즐겼다. 이는 우리의 닭볶음탕 정도 되는 음식이다.

나폴레옹은 자유·평등·박애를 앞세운 프랑스혁명이 낳은 인물이었다. 포병 장교이던 그는 수학과 물리학에도 밝았다. 그 시대를 이끈 이념인 '계몽주의'는 인간의 자유와 평등, 이성을 강조한다. 나폴레옹은 이 모두를 대표하는 듯한 사람이었다.

식탁은 시대를 지배하는 정신을 보여 주는 거울과도 같다. 헛되고 복잡한 격식을 강조하는 귀족들의 만찬과 나폴레옹의 소박하고 꾸밈없는 식사를 견주어 보라. 나폴레옹이 음식을 대하는 태도는 모두가 평등하며, 합리적으로 생각하고 움직이는 것이 올바르다는 계몽주의의 이상(理想)을 떠올리게 한다.

신속성, 효율성, 예측 가능성, 합리성

현대사회에서 가장 주목받는 분야는 '과학'과 '공학'이다. 음식 문화는 당연히 이런 분위기에 영향을 받을 수밖에 없다. 미국의 사회학자 조지 리처George Ritzer는 세계적인 햄버거 업체인 '맥도날드(McDonald's)'에서 우리 시대 먹거리의 특징을 찾는다.

현대는 신속성과 효율성, 예측 가능성과 합리성을 중요하게 여긴다. 리처에 따르면, 맥도날드 매장은 이런 가치들을 오롯이 실현하고 있다. 여기서 판매하는 음식은 단순하고 규격화되어 있다. 식재료 대부분이 공장에서 거의 완성된 상태로 매장에 들어오기 때문에 조리하는 시간도 짧다.

따라서 손님들은 오래 기다리지 않고 음식을 빨리 받아 먹을 수 있다. 이는 매장 주인의 입장에서도 이득이다. 빨리 먹고 자리를 비워야 다른 손님을 받을 수 있기 때문이다. 이른바 '회전율'이 높아 이익이 커지는 구조다.

게다가 맥도날드의 모든 제품과 서비스는 수량화·표준화되어 있다. 전 세계 어느 맥도날드 지점에 가건 손님들은 똑같은 맛, 똑같은 크기의 '빅맥'을 먹을 수 있다. 또 맥도날드는 종업원이 손님을 대하는 방식과 대화 내용까지 '규격화'해 놓았기에, 우리는 그 매장에서 어떤 서비스를 받을지 충분히 예측할 수 있다. 즉 모든 것이 규격화·표준화되어 성별이나 나이, 인종 등에 상관없이 전부 똑같은 서비스를 받는다는 의미다.

리처에 따르면, 맥도날드에서 혁신을 위한 노력은 오히려 '변화 가능성을 최대한 없애기 위한 노력'이다. 모든 이에게 최대한 같은 품질의 제품과 서비스를 제공하기 위해 돌발적으로 일어날 만한 요소들을 없애려고 애쓴다는 뜻이다.

이를 위해서 맥도날드는 가장 효율적으로 요리하고 움직이도록 종업원과 제품에 대한 통제(control) 수준을 점점 높여 가고 있다. 예컨대 종업원에 따라 음료수의 양이 들쭉날쭉한 것을 막으려고, 컵에 들어가는 음료의 양을 자동으로 조절하는 장치를 개발했다. 최종적으로는 인간이 하는 모든 노동을 무인 기술로 대체함으로써, 전 과정을 완벽히 예측하고 통제하는 수준에까지 이를 것이다.

나아가 맥도날드는 손님의 행동 방식까지 조정한다. '줄 서서 기다리기, 제한된 메뉴에서 선택하기, 불편한 의자에 앉아 빨리 먹고 스스로 쓰레기를 처리한 뒤 나가기' 등의 '규범'을 제시함으로써 은연중에 손님들이 '맥도날드 방식'에 따라 움직이도록 한다.

칼과 도마가 없는 주방

이렇듯 효율성을 높이고 예측 가능하게 하며 통제 수준을 높이는 방식으로 '진화'해 온 맥도날드는 우리 시대 음식 문화의 표준으로 자리 잡았다. 인기를 끄는 프랜차이즈 음식들은 맥도날드와 닮은 꼴이다. 같은 브랜드라면 어느 매장에 가나 음식 맛이 비슷하고 서비스도 동일하며 분위기도 같지 않던가? 게다가 대부분의 프랜차이즈는 원팩 시스템(one-pack system) 수준까지 나아갔다. 본사에서 음식이 '완제품'으로 포장되어 오니, 매장에서는 음식을 데워 그릇에 담아내기만 하면 된다. '칼과 도마가 없는 주방'이 가능한 구조가 된 셈이다.

조지 리처는 맥도날드에서 비롯된 음식업계의 변화를 가리켜 '맥도날드화(McDonaldization)'라고 부른다. 그는 맥도날드 스타일이 이제는 식품산업을 넘어 현대문명 전체로 퍼져 나가고 있다고 강조한다. 실제로 모든 과정을 하나로 묶어서 신속성과 효율성을 끌어올리고, 통제 수준을 높여 상품의 수준을 일정하게 하려는 노력이 사회 곳곳에서 일어나고 있다.

이런 상황에서 특별한 매뉴얼도 없이 그때그때 음식을 조리해 내놓아야 하는 식당들이 경쟁에서 살아남기란 무척 어렵다. 이에 프랜차이즈업체의 간판들은 점점 거리를 점령해 간다. 리처의 표현대로 '패스트푸드 제국'이 실현되는 모양새다.

가장 적합한 단 하나의 방식

하지만 '맥도날드화'는 현대문명의 결과이지 원인은 아니다. 20세기를 지배하던 정신은 '모더니즘(modernism)'이었다. 맥도날드가 강조하는 신속성과 효율성, 예측 가능성과 합리성은 사실 모더니즘이 소중히 여기는 덕목이다. 나폴레옹이 이전의 귀족들이 부리던 온갖 사치와 필요 없는 격식들을 못마땅하게 여겼듯, 모더니즘은 과학적이고 합리적인 생각과 행동을 바람직하게 여긴다.

20세기 초반에 활동한 미국의 산업공학자 프레더릭 테일러Frederick W. Taylor는 '모더니즘의 실현자' 같은 인물이었다. '경영학의 아버지'라고 불리는 미국의 경영학자 피터 드러커Peter F. Drucker가 그를 "프로이트, 다윈과 함께 현대사회의 기반을 다진 세 명의 사상가"로 꼽을 정도였다.

테일러는 미국 매사추세츠주에 있던 워터타운 무기 공장의 관리자로 일했다. 그는 3년 가까이 조수들을 데리고 다니며 스톱워치로 공장노동자들의 작업 시간을 일일이 체크했다. "모든 일에는 가장 적합한 단 하나의 방식이 있다." 이는 테일러가 곳곳에서 내세운 자신의 신념이다.

그는 노동자들의 작업 과정을 세세하게 나누어 가장 효율적인 동작들을 찾아냈다. 낱낱의 동작으로 분해된 노동자의 일에는 더 이상 '전문성'이라고 할 만한 것이 없었다. 예컨대 기계를 조립하는 작업을 '부품을 작업대에 내려놓는 과정', '나사를 조이는 과정', '옆으로 운반하는 과정' 등으로 나눠 서로 다른 일꾼에게 맡기면 어떻게 될까? 각각의 노동자는 생각할 필요가 없다. 아주 단순화된 업무만 반복하면 되기 때문이다.

> "(노동자들에게) 생각은 필요 없다. 우리가 원하는 것은 우리의 명령에 따르고 우리가 지시한 업무를 하며, 또 그 일을 빠르게 해내는 것이다."

테일러가 여러 강의에서 강조한 말이다. 그의 말대로 모든 일을 규격화·표준화하자 생산 속도는 엄청나게 빨라졌다. 업무 각각은 매우 단순하고 예측 가능했기에, 노동자들은 주어진 업무 매뉴얼대로 '가장 적합한 단 하나의 방식'에 따라 일만 하면 됐다.

노동자들은 전체 과정이 제대로 설계되고 돌아가는지 고민할 필요가 없다. 생각은 엘리트 사원 몇몇만 하면 된다. 나머지는 그저 따르면 될 뿐이다. 테일러는 사람이 하는 일도 기계같이 매우 효율적으로 이루어지길 바랐다. 마침내 그는 모든 작업 동작을 잘게 쪼개고 노동자들을 최적의 모습으로 움직이도록 지도하는 '과학적 관리'를 통해 자신의 소망을 이뤘다.

얼굴에서는 적개심이 사라지지 않았다

안타깝게도 노동자들은 테일러를 무척 싫어했다. 테일러도 이 점을 잘 알았다. "그들의 얼굴에서 한시도 적개심이 사라진 적이 없어." 테일러가 동료들에게 종종 했던 말이다. 왜 일꾼들은 테일러를 이토록 싫어했을까?

매 순간 자신이 일을 잘하고 있는지 끊임없이 감시하는 자를 좋아할 사람은 없다. 테일러에게는 노동자들의 행동 하나하나를 꾸준히 관찰한 뒤, 한순간도 낭비하지 않고 그들을 일하게 만드는 것이 주된 관심사였다. 그러니 어떻게 그를 좋아할 수 있겠는가?

그가 '공공의 적'이 된 데는 더 크고 근본적인 이유도 있었다. 테일러는 자신의 말을 잘 듣고 묵묵히 성과를 거둔 일꾼들에게 상여금을 담뿍 안겼다. 노동자들은 오히려 이 점을 기분 나빠 했다. 워터타운 공장은 무기를 만드는 곳이었다. 이곳 노동자들에게는 자기들이 조국을 지키는 데 기여한다는 자부심이 있었다. 그러나 테일러는 자신들을 단지 돈 몇 푼 더 벌기 위해 작업대에 매달리는, '효율성 떨어지는' 기계로 여겼을 뿐이다.

또 모든 작업 과정을 잘게 나눠 단순 업무로 만들어 버린 상황에서는 장인(匠人)의 노하우가 쌓일 여지가 없었다. 자신이 일터에서 사라지면 누구라도 언제든 본인을 대신할 수 있는 상황에서, 아무리 오래 열심히 일한다고 해도 숙련된 기술자의 지식이나 지혜를 갖게 되리란 희망은 존재하지 않았다. 힘이 빠지고 병이 들면 결국 자신은 소모품처럼 버려질 것이 뻔했다. 그러니 어느 노동자가 이 모든 변화를 이끈 테일러를 사랑할 수 있겠는가?

음식 유토피아인가, 디스토피아인가?

이런 풍경은 현대 프랜차이즈 음식업체에 쏟아지는 비난과도 맥이 통한다. 앞서 설명한 원팩 시스템부터 살펴보자. 프랜차이즈 본사는 음식의 80% 이상을 공장에서 조리한 뒤 가공하여 매장으로 보낸다. 식당에서는 이를 데우거나, 만들어진 식재료를 '조립'하는 수준의 작업만 한다. 이런 처지에서 식당을 아무리 오래 운영했다고 한들 음식 만드는 비법이나 노하우가 쌓일 리 없다. 식당 주인은 사용료를 내고 프랜차이즈의 음식과 노하우를 '이용'하는 고객에 지나지 않는다.

농작물의 씨앗을 파는 회사들은 키운 작물이 다시 씨를 내지 못하도록 유전자를 조작하곤 한다. 그래야 농부들이 농사를 짓기 위해 계속해서 종자를 구입하기 때문이다. 농부들은 아무리 오래 일해도 농사에 꼭 필요한 씨앗을 스스로 얻지 못한다. 프랜차이즈 식당도 다르지 않다. 온갖 요리의 기술과 지식은 본사만 갖고 있다. 핵심 기술을 알지 못하는 나머지 사람들은 단순노동자나 소비자 수준에 머무른다.

대형화된 식품업체를 둘러싼 건강 논란도 끊이지 않는다. "한국인이 소비하는 음식물의 3분의 2는 공장에서 만들어진 공산품이다." 주영하의 말이다. 이제는 하루 세끼를 집에서 먹는 이가 드물다. 게다가 '집밥'이라고 해도 끼니때마다 음식을 직접 만들어 먹지도 않는다. 라면 같은 즉석식품, 냉동 음식, 각종 주전부리 등으로 한 끼를 '때우는' 경우가 얼마나 많던가?

이 가운데 자연 그대로의 먹거리는 얼마나 될까? 쌀, 밀가루부터 닭고기 같은 육류, 햄·치즈 같은 가공식품에 이르기까지 대다수가 공장에서 가공을 거친 식재료다. 특별한 경우가 아니라면 우리는 이 모두를 마트나 가게에서 사 먹는다. 한마디로 음식은 우리에게 '상품'이다. 지금은 농부들조차 자기가 가꾼 먹거리로만 살지 않는다. 농사는 대부분 상품으로 팔 작물을 키우는 일이 되었고, 농부의 식탁에도 마트에서 사 온 음식들이 오른다.

'음식은 우리에게 상품이다.' 이 짧은 문장에는 많은 생각거리가 담겨 있다. 상품을 만드는 목적은 무엇일까? 당연히 돈을 벌기 위해서다. 사람들이 상품을 자주, 빨리, 많이 쓸수록 돈을 더 많이 벌 수 있다. 음식 장사도 이와 다르지 않다. 그러니 사람들이 더 자주, 빨리, 많이 찾을 수 있는 음식을 개발해야 한다. 사람들은 달고 짜고 자극적인 맛에 끌리게 마련이다. 상품 개발은 늘 수요가 있는 쪽으로 나아간다. 전 세계인의 입맛도 '단짠'에 휘둘리는 쪽으로 바뀌어 가지 않던가? 설탕과 소금, 지방이 담뿍 든 음식이 대세가 되고 있다는 의미다.

우리 식탁에서는 더 이상 굶주림이 느껴지지 않는다. 합리화된 생산과정과 유통으로 규모가 커진 식품업체들이 '가성비' 높은 먹거리들을 시장에 쏟아 내는 덕분이다. 이런 상황을 우리는 마땅히 '음식 유토피아'로 여겨야 한다. 풍성한 식사를 누구나 누릴 수 있다는 측면에서 그렇다.

하지만 지금의 처지를 오히려 '음식 디스토피아'로 생각하는 이도 적지 않다. 풍요로운 식탁에서도 먹거리는 여전히 걱정거리다. 우리가 먹는 음식은 내 몸과 세상을 건강하게 만들까? 여기에 대한 고민을 어떻게 풀어 가야 할까?

식탁은 시대를 비추는 거울

미식(美食)은 우리 시대의 대표적인 취미 활동이다. '맛집'은 인기 검색어에 꾸준히 오르내린다. 옛날에는 색다른 맛을 찾고 즐기는 일은 귀족에게나 가능했다. 백성들은 당장의 배곯음에서 벗어나기도 힘들던 탓이다. 실제로 지금 우리의 식탁은 100여 년 전 영주들의 식사보다 더 다채롭고 풍성하다.

일상에서 늘 먹게 되는, 길거리에서 언제나 마주치는 프랜차이즈 식당은 대부분 '가성비'가 좋다. 들이는 돈과 노력에 비해 꽤 괜찮은 식사를 하게 된다는 의미다. 이런 음식들은 딱 이 수준에서 그치지만, 미식가들은 그 이상의 즐거움과 만족감을 추구한다.

"널리 알려진, 언제나 접할 수 있는 맛 말고, 새롭고 개성 넘치
는 맛을 안기는 요리가 어디 없을까?"

미식가들의 머리에서 늘 떠나지 않는 물음이다. 이 물음에는 문
명의 본질을 꿰뚫는 문제의식이 담겨 있다. 이 질문을 이렇게 바꾸
어 보자.

"표준화되고 규격화된, 뻔하고 식상한 지원자 말고, 참신하고
독창적인 생각을 지닌 인재가 어디 없을까?"

20세기는 신속성, 효율성, 예측 가능성, 합리성이 지배한 시기다.
맥도날드로 대표되는 패스트푸드와 프랜차이즈 식당은 이런 미덕(美
德)을 충분히 갖췄다. 그래서 성공할 수 있었다. 하지만 21세기에는
독창성, 상상력, 그리고 '다르게 생각하는 용기'가 주목받고 인기를
끈다.

우리 시대는 합리성과 효율성이 지배하던 모더니즘에서 벗어나,
감성과 개성을 중요시하는 '포스트모더니즘(postmodernism)'으로 나아
가고 있다. 식탁은 시대를 비추는 거울과 같다. 포스트모더니즘이 이
끄는 식탁은 어떤 모습으로 바뀌어 갈까? 나아가 우리는 어떻게 식

탁을 바람직하게 만들어 가야 할까? 과거의 지혜는 미래를 여는 통찰을 안기곤 한다. 이제 음식 문화 속에서 답을 찾아볼 차례다.

미래파 마리네티의 영양분을 담은 전파(電波) 식사

1900년대 초반, 이탈리아의 예술계에서는 미래파(未來派, futurism)라고 불리는 움직임이 일었다. 시인 필리포 마리네티 Filippo T. E. Marinetti는 이 운동을 주도했던 사람이다. 미래파는 산업문명의 속도와 기계에 열광했다. 그들에게 옛 전통은 '적폐'일 뿐이었다. 인류의 발전 속도에 발맞추지 못할 만큼 불합리하며 뒤떨어졌기에, 하루빨리 없애야 하는 것들이었다.

마리네티는 음식에도 미래파의 과격한 믿음을 끌어들였다. 우리가 때마다 음식을 차려 먹느라 아까운 시간과 노력을 낭비할 필요가 있을까? 국가가 나서서 필요한 영양을 담은 알약이나 쉽게 삼킬 수 있는 식사 가루를 만들어 시민들에게 나누어 주면 되지 않을까?

여기서 마리네티는 한발 더 나아간다. 그는 아예 '영양분이 담긴 전파'를 개발하여 쏘자는 아이디어를 내놓았다. 이렇게 된다면 인류는 먹는 고통(?)에서 아예 해방될 터다. 하긴, 마리네티의 생각에는 꽤 유용한 측면들도 있다. 앞으로는 우주공간에서 수십 년간 행성을 여행할 우주비행사들이 나올지 모른다. 이들에게 음식 문제는 적잖은 고민이다. 먹는 일을 알약과 전파로 대신할 수 있다면 우주여행은 한결 수월할 것이다. 식량을 구하기 어려운 상황에서 장기간 일해야 하는 이들에게도 마리네티의 발상은 요긴한 해법을 안겨 줄 듯싶다.

하지만 그 전에 먼저 판단을 내려야 할 사항이 있다. '먹기'는 고통일까, 쾌락일까? 먹는 '즐거움'이 사라진다면, 이를 대신할 삶의 행복은 무엇일까? 먹기를 내려놓고 나면 인간은 비로소 '육체를 넘어선 위대한 존재'로 거듭나게 될까? 음식 프로그램은 예나 지금이나 언제나 인기를 끈다. 과연 먹기를 포기한 인간이 밝게 웃을지 궁금해진다.

PART 7

음식의 세계화

요리는 혀보다 두뇌로 먹는다

메이지 왕실의 만찬

1889년, 일본 메이지 천황은 도쿄에 새롭게 지은 왕궁 건물에서 만찬을 열었다. 800여 명의 손님이 참석한 큰 향연은 부드럽게 흘러갔다. 영국 대사의 부인이 이렇게 감탄할 정도였다. "세상에! 로마나 파리, 빈의 여느 만찬과 똑같아요." 식탁에 차려진 프랑스 요리는 완벽했고 식기, 잔, 그릇, 냅킨 등의 배치 또한 흠잡을 데 없었다.

일찍이 프랑스의 요리사 마리 앙투안 카렘Marie-Antoine Carême은 프랑스 음식을 가리켜 '유럽 외교의 호위병'이라고 말했다. 그 당시 외교 만찬의 '표준'은 프랑스였기 때문이다. 어떤 사람의 품격은 그가 프랑스어를 정확히 쓰는지, 프랑스 요리를 얼마나 잘 차리고 격식을 지켜서 먹는지에 따라 갈렸다.

메이지 왕실도 프랑스식으로 치러지는 큰 만찬을 일본의 문화 수준을 가늠하는 자리로 받아들였다. 그래서 그들은 연습(?)에 연습을 거듭했다. 1887년, 일본 왕실은 독일 베를린 황궁에서 일하던 관리를 특별히 데려오기까지 했다. 관리들에게 만찬 때 옷을 입는 법,

식사 예절 등을 가르치기 위해서였다. 천황의 신하들은 외국 손님들이 없을 때 정장을 차려입고 '식사 리허설'을 계속했다. 외교관들에게 칭찬받은 1889년에 치러진 완벽한 프랑스식 식탁은 피나는 노력의 결과였던 셈이다.

이런 기묘한 풍경은 일본 왕실에서만 그치지 않았다. 러시아의 여제 예카테리나 2세Ekaterina II는 프랑스식 만찬을 위해 메인 코스용 식기 680개, 디저트용 식기 264개 등을 구입했다. 이는 지금 가치로 약 25만 달러에 이르는 엄청난 고가였다.

프랑스식 만찬을 좇느라 나라가 파산 지경에 몰린 경우도 있었다. 1883년, 하와이의 왕 칼라카우아Kalākaua는 대관식 연회를 베풀기 위해 36만 달러를 썼다. 그 당시 하와이의 인구는 5만 7,000명 정도, 1년 수출 규모는 500만 달러에 지나지 않았다. 만찬을 벌이고 몇 해 뒤, 왕국은 무너져 버렸다. 여기에는 만찬에 들어간 지나친 비용도 적지 않는 역할을 했을 듯싶다.

쇠고기를 먹지 않는 자, 문명인이 아니다

그렇다면 왜 옛 왕실들은 '프랑스식 만찬'을 고집했을까? 이는 동네 카페 대신 스타벅스를 찾는 지금 젊은이들의 마음과 다르지 않을 것 같다. 스타벅스의 의자는 불편하고 자리는 좁다. 가격도 싼 편이 아니다. 그래도 늘 사람이 붐빈다. 왜 그럴까?

1990년, 구(舊)소련 모스크바에서는 맥도날드 1호점이 문을 열었다. 그때 빅맥 1개의 가격은 3.75루블. 노동자 한 달 임금이 150루블 남짓이었다는 사실에 견주어 볼 때 무척 비싼 가격이었다. 월급으로 150만 원을 받는 노동자가 4만 원짜리 햄버거를 사 먹는 셈이었다. 그럼에도 개점 당일에만 무려 3만 명의 손님이 몰려들었다.

내가 먹은 음식은 내 몸의 일부가 된다. 세련되고 멋진 것을 먹으면 나 또한 그런 사람이 되는 듯한 기분이 든다. 독재에 시달리던 소련의 시민들에게 맥도날드는 '자유의 상징'과도 같았다. 그렇다면 스타벅스엔 우리 젊은이들이 '뉴요커'의 감성을 느낄 수 있는 그 무엇이 있지 않을까? 굳이 그곳의 불편한 의자에 앉아 비싼 커피를 홀짝거리는 이유도 여기에 있을 것 같다.

19세기 무렵 프랑스는 문화 선진국이자 국력도 가장 강한 나라였다. 프랑스식 만찬은 사람들에게 세계 최고의 문화인이 된 듯한 환상을 안겼다. 이 점은 서민들의 식탁에서도 다르지 않았다. 1872년, 메이지 천황은 폭탄선언을 했다. "쇠고기를 먹지 않는 자는 문명인이 아니다."

일본인들은 체격이 크고 힘도 센 서양 사람들을 보고 깜짝 놀랐다. 그 당시에는 과학기술도 서양이 훨씬 앞서 있었다. 일본인들은 강한 서구의 나라들이 일본을 삼켜 버릴지 모른다는 두려움에 휩싸였다. 어떻게 해야 백인만큼 허우대를 키울 수 있을까? 그들의 결론은 서양인처럼 고기를 많이 먹으면 된다는 것이었다. 먹는 음식에 따라 체형도 바뀌게 마련이다. 서양인처럼 튼실한 사람이 되기 위해서는 더더욱 일본인의 식습관을 서양식으로 바꿔야 했다.

이런 생각은 100여 년 넘게 이어졌다. 1990년대 후반, 일본 맥도날드의 창시자인 후지타 덴藤田田은 "일본인들은 햄버거 같은 고기를 안 먹어서 키가 작아지고 볼품없어졌다."라고 한탄할 정도였다.

이는 일본만의 현상은 아니었다. 제1차 세계대전 이후 많은 영양학자와 지리학자는 우유가 '정력적인 혈통을 낳는다'고 소리 높여 외쳤다. 20세기 중국에서도 체격이 큰 운동선수들을 보여 주며 우유가 키를 키우고 튼튼한 국민을 만든다는 광고가 유행했다. 한마디로, 서구 선진국의 음식은 훌륭하며 바람직하다는 의미다.

혐오와 차별을 부르는 음식 문화

서구 음식은 진짜 바람직할까? 꼭 그렇지는 않은 듯싶다. 코루(Koro)는 썩은 나무에 우글거리는 애벌레다. 브라질 원주민인 카두베오족은 코루를 즐겨 먹었다. 서양인의 '위생 관념'으로는 징그러운 벌레를 먹는 일이 이해되지 않았다. 카두베오족도 서양인의 표정에서 혐오를 읽었다. 그래서 그들은 하얀 사람들이 들어오면 재빨리 코루가 담긴 바구니를 숨겨 버렸단다.

하지만 프랑스의 인류학자 클로드 레비스트로스Claude Lévi-Strauss가 코루를 먹어 본 순간 코루에 대한 생각은 완전히 바뀌었다. 벌레는 환상적인 맛이었다. "버터의 단단하고도 섬세한 느낌과 야자열매의 향기"가 물씬 풍겼다.

우리 주변에는 아직도 외국인 앞에서 김치 냄새가 날까 봐 전전긍긍하는 사람이 적지 않다. 서구 문물을 받아들이는 시점에서의 일본인도 별다르지 않았다. 그들은 자신이 서구의 음식에 친숙하다는 사실을 '문명개화'의 증거처럼 여겼다. 한편 날생선을 먹는 등 일본 고유의 식습관은 덜떨어지고 미개한 것이라고 경멸했다. 이런 먹거리들을 즐겨 먹는 이들에 대한 감정도 좋았을 리 없겠다. 우리 마음속에도 선진화된 문명국의 음식을 먹는 사람이 훌륭하다는 막연한 생각, 그렇지 못한 자들은 수준 낮고 저열하다는 믿음이 자리 잡고 있지는 않을까?

돈가스의 탄생

이제 프랑스식 만찬의 위상은 예전 같지 않다. 20세기 후반으로 갈수록, 외교 만찬이 프랑스식으로 차려지는 경우는 많이 줄었다. 요즘 국가 정상들의 식사 자리에서는 초청한 나라의 고유 음식, 혹은 상대편 국가의 식재료로 만든 요리를 올리는 모습이 자연스럽다.

사실 프랑스식 요리가 최고의 맛으로 인기를 끈 것은 아니다. 격식 있고 품격 넘친다는 이미지 때문에 널리 유행했을 뿐이다. 우리에게도 서양 음식은 '별미'일 수는 있어도 매일 먹는 주식이 되기는 어렵다. 현지의 맛 그대로 요리한다면 우리에게 서양 음식은 느끼하고 더부룩한 부담감으로 다가오기 쉬운 탓이다.

이 점은 서양 문물을 받아들이던 시절의 일본에서도 다르지 않았다. 메이지 천황까지 나서서 고기를 먹으라고 다그쳤지만, 일본인들은 여전히 육식을 꺼렸다. 살생(殺生)을 막았던 불교의 영향 때문이었다. 그들은 죽은 피붙이가 소나 말 같은 가축으로 다시 태어날 수도 있다고 믿었다. 그러니 당연히 잡아먹을 엄두를 내지 못했다. 당시, "나 쇠고기 먹었다!"라는 말은 껄렁대는 치들이 "나는 이런 괴상한 음식도 먹어."라며 상대를 기죽일 때나 쓰는 말이었다.

그러나 서양 과학 문물의 매력은 점점 퍼져 나갔다. 서양처럼 발전하려면 식습관도 서구처럼 바뀌어야 한다는 생각이 강해졌다. 하지만 사람들은 여전히 고기에 끌리지 않았다. 그래서 나온 것이 스키야키나 샤부샤부 같은 요리다. 주방장들은 쇠고기를 생선회같이 얇게 썰었다. 그러곤 간장과 설탕으로 만든 육수에 넣었다. 이런 과정을 통해 고기는 밥에 어울리는 '반찬'으로 일본 음식에 흡수되어 갔다.

세월이 흐를수록 사람들은 고기 맛에 익숙해졌다. 그러나 고깃덩어리가 한 끼 식사인 서양 식탁은, 쌀이 주인공이던 일본 밥상을 대신하지 못했다. 일본인들은 서양 요리를 자기들에게 맞는 '양식'으로 바꾸어 갔다. 양식은 프랑스 요리도, 영국 요리도 아니다. 일본에서 만든 '서양식 음식'이다.

돈가스만 해도 그렇다. 돈가스는 '커틀릿(cutlet)'이라는 서양 요리에서 왔다. 말 자체로 보자면 돼지고기[豚]로 만든 커틀릿(일본말로 '가쓰레쓰')이라는 뜻이다. 일본식 돈가스는 밥에 곁들이는 반찬에 가깝다. 미리 썰어져 나오므로 칼과 나이프 없이 젓가락으로 먹을 수 있다. 간장과 설탕을 넣은 우스터소스도 듬뿍 뿌려져 있다. 심지어 소스를 뿌린 돈가스를 밥에 얹어 덮밥처럼 먹기도 한다. 이렇듯 서양 음식은 세월이 흐르면서 일본화된 '양식'이 되었다. 그렇다면 양식은 원래의 서양 요리보다 열등하고 저열할까?

요리의 매력은 머리가 느끼는 것

이런 물음은 이제 별 의미가 없어 보인다. 날생선을 밥에 올려 먹는 일본의 스시는 어느 나라에서나 고급 요리로 꼽힌다. 하지만 일본의 국력이 보잘것없던 시절, 스시는 '날생선을 먹는 엽기적인 음식'처럼 여겨졌다. 돈가스같이 일본화된 서양 음식도 다르지 않다. 이런 음식들은 일본의 친숙한 음식 문화로 다가올 뿐이다.

우리의 김치도 마찬가지다. 1950~1960년대, 세계에서 가장 못사는 나라 가운데 하나였던 대한민국에서 김치는 자부심을 주는 음식이 아니었다. 오히려 외국인을 '배려'하기 위해서 감추고 숨겨야 할 먹거리로 여겨졌다.

김치의 냄새나 향은 여전히 세계인들에게 익숙하지 않다. 그렇지만 요즘은 혐오감을 주는, 피하고픈 음식으로는 생각하지 않는 듯싶다. 갈비, 비빔밥 등은 외국인들도 부담 없이 즐기는 음식으로 자리 잡았다. 그렇다면 프랑스식 정찬은 어떨까? 1930년대, 할리우드 스타 윌 로저스^{Will P. A. Rogers}는 진즉에 프랑스 요리를 이렇게 비꼬았다.

> "(프랑스 요리사들이) 말고기 한 조각에 액체를 뿌려 발음하기도 힘든 이름을 갖다 붙이면, 미국인들은 그게 송아지 가슴살인지, 엔젤 푸드 케이크인지 궁금해한다. 개구리 같은 프랑스인들이 갖다 뿌린 고깃국물이 그런 파렴치한 짓을 가능하게 하는 것이다."[11]

요리가 매력적이고 맛있는 이유는 맛과 영양 때문만은 아니다. 우리는 요리를 혀로 먹기보다는 두뇌로 먹는다. 똑같은 맛이라도 음식이 무엇을 의미하는지에 따라 전혀 다르게 받아들인다는 의미다. 예컨대 바닷가재와 전갈은 비슷하게 생겼다. 바닷가재는 비싼 고급 식재료다. 반면에 전갈은 혐오 식품으로 여겨진다. 이 차이는 어디서 생겼을까?

중화요리는 전 세계에 널리 퍼져 있다. 하지만 아직까지 중국 음식의 이미지는 고급 호텔의 중식 레스토랑 정도를 제외하면 싸구려 외식 요리에 가깝다. 우리 사회에서는 베트남과 인도의 요리가 점점 인기를 끌고 있다. 그러나 아프리카나 중동 지역 가난한 국가들의 음식은 여전히 우리에게 낯설고 멀다. 베트남과 인도는 경제가 날로 성장하는 중이다. 점점 커지는 두 나라의 국력이 음식의 유행에도 영향을 끼치지는 않았을까?

우리나라에 문을 연 미국 뉴욕에서 유행하는 햄버거 체인점은 연일 손님들로 가득하다. 그러나 만약 레비스트로스가 먹었다는 남미의 코루 벌레를 전문적으로 파는 식당이 우리나라에 생긴다면 어떨까? 과연 성공할 수 있을까?

한식의 세계화, 성공할까?

프랑스 요리가 세계적으로 고급 요리인 까닭은 음식 자체에만 있지 않다. 한때 우리나라 정부가 나서서 '한식의 세계화'를 부르짖던 시절도 있었다. 한류(韓流) 스타들의 인기에 비추어 보면 한식이 세계적인 먹거리가 되는 미래도 불가능할 것 같지는 않다.

하지만 먼저 짚어 보아야 할 부분이 있다. 세계인들은 우리 음식을 먹으며 어떤 기분을 느낄까? 프랑스식 비스트로(bistro)나 이탈리아 식당은 남녀가 데이트할 때 흔히 찾는 곳이다. 그렇다면 첫 만남 자리에서 감자탕과 김치찌개를 시키는 이들은 많을까, 적을까?

한국 음식에 대한 평가는 좋아지고 선호도도 날로 높아지고 있다. 하지만 한식의 세계화가 성공할지는 요리를 맛깔스럽고 먹기 편하게 만드는 수준에서 결정되지 않는다. 오히려 '대한민국'의 품격과 문화 수준이 더 중요한 요소가 되기도 한다. 치즈의 구린 냄새는 역한 향신료 냄새보다 더하면 더했지 못하지 않다. 그래도 우리는 치즈에 대한 거부감이 훨씬 적다.

일본에서 탄생한 돈가스는 우리에게도 흔한 음식이다. 그렇다면 우리의 양념치킨, 치즈떡볶이 등의 운명은 어떨까? 여러 나라의 음식이 섞이고 발전하는 과정에는 다른 문화에 대한 동경과 자기 문화에 대한 자존감이 복잡하게 얽혀 있다. 케이팝(K-Pop)이 유행하는 요즘이다. 음식의 미래를 알고 싶다면 문화의 흐름을 꼼꼼하게 짚어볼 일이다.

호치민의 가지절임과 맑은국

호치민은 베트남의 건국 영웅이다. 1945년 북베트남이 세워졌을 때, 가난한 이 나라에는 굶주리는 사람들이 넘쳐 났다. 식량이 절대적으로 부족한 상황, 호치민은 결단을 내렸다. "혁명위원회를 이끄는 분들은 한 끼에 밥 두 공기, 생선의 작은 한 토막, 맑은국과 가지절임 이상을 먹지 마시오. 살 만한 사람들은 일주일에 한 끼는 굶어서 가난한 이들을 도우시오."

호치민은 '호 아저씨'라고 불리며 지금도 베트남 사람들에게 깊이 존경받고 있다. 어려웠던 시절, 솔선수범한 호치민의 모습을 보면 그에 대한 시민들의 애정이 당연해 보인다. 사실, 호치민은 미식가였다. 영국 런던에서 유학하던 시절, 그는 칼튼 호텔의 주방에서 일했다. 당시 주방장은 전설적인 요리사 오귀스트 에스코피에Georges Auguste Escoffier였다.

호치민은 여기서 페스트리와 케이크 섹션을 담당했다고 한다. 당연히 그의 입맛도 호텔 손님들 수준에 맞게끔 고급질 수밖에 없었겠다. 사실, 호치민은 진한 프랑스 담배와 미국 담배를 평생 즐겼다. 한번 몸에 밴 입맛을 쉽게 버리기란 어려운 법이다.

그래도 이런 사실로 호치민을 비난하는 목소리는 들리지 않는다. 그의 취향은 담배 정도에서 그쳤다. 이를 절대 넘어서는 법이 없었다. 호치민은 지도자로서 사회가 마땅히 갖추어야 할 입맛을 앞장서서 보여 주며 실천했을 뿐이다.

환경파괴는 현대문명을 위협할 지경에 이르렀다. 이에 대한 걱정도 끊이지 않는다. 그러나 환경파괴를 막기 위한 '섭식'을 실천하는 지도자는 얼마나 될까? 사육되는 소들이 내뿜는 엄청난 메탄가스를 줄이기 위해 채식주의를 실천한다는 지도자를 본 적은 있는가? 투표할 때가 오면, 어느 후보가 자신의 소신을 담아 무엇을 먹을지를 정하고 이를 꾸준히 이어 가는지를 살펴보라. 공약이 빈말로 그칠지, 행동으로 꾸준히 이어질지는 그 사람의 식습관만 봐도 예상 가능하지 않을까?

PART 8

소울 푸드

스트레스와 가난, 그리고 고칼로리

최적 먹이 이론

곤충은 영양가가 높다. 마빈 해리스에 따르면, 벌레는 새우나 랍스터, 굴 같은 먹거리보다 더 값싸고 좋은 '식품'이다. 예컨대 새우로만 하루에 필요한 칼로리를 채우려면 2,700g 정도를 먹어야 한다. 그러나 날개 달린 흰개미는 500g만 먹어도 하루 열량을 거뜬히 채울 수 있다.

게다가 맛까지 훌륭한 곤충도 꽤 많다. 지금 우리 사회에서 번데기는 엄연한 '먹거리'이지 않은가? 간혹 뷔페식당에 튀긴 메뚜기가 놓여 있는 경우도 있다. 라오스에서는 쇠똥구리를 구워 식탁에 내놓기도 하고, 거미에 소금을 쳐서 칠리소스나 허브잎과 함께 먹기도 한다.

하지만 곤충은 우리에겐 아직 '혐오 식품'에 가깝다. 다른 먹거리가 있다면 굳이 곤충을 먹으려 하지 않는다는 의미다. 그렇다면 왜 들판에 풍성하게 널려 있는 데다가 맛까지 괜찮은 곤충들이 일상적인 식재료로 자리 잡지 못했을까?

해리스는 그 이유를 '최적 먹이 이론'으로 설명한다. 나무에 20달러 지폐 한 장과 1달러 지폐 여러 장을 매달아 놓았다고 해 보자. 사람들은 20달러 지폐를 따려 할까, 1달러 지폐들을 모으려 할까? 아마 20달러를 가지려고 나무에 오를 가능성이 크다. 노력을 덜 들이고도 더 큰 소득을 올릴 수 있는 까닭이다.

곤충을 식재료로 삼지 않는 이유도 다르지 않다. 곤충은 어디에나 있고 수도 엄청나게 많다. 하지만 넓게 흩어져 있어서 먹을 만큼 모으려면 손이 너무 많이 간다. 반면에 돼지나 소, 사슴이나 버펄로 같은 짐승들은 한 마리만 잡아도 수십 명이 며칠간 먹을 만큼의 식량을 얻을 수 있다. 이렇듯 식재료를 구하는 데는 경제적인 이유도 한몫을 한다. 되도록 얻는 데 품을 적게 들이면서도 영양가는 높은 먹거리를 차지하는 편이 낫다.

자유는 그릴에 구운 쇠고기의 다른 이름

하지만 어떤 음식을 좋아할지는 단순히 경제적인 이유로만 갈리지 않는다. 영양과 편리를 생각해서 '바퀴벌레 영양 바'를 만들었다고 생각해 보라. 벌레를 편히 한꺼번에 많이 먹게 되었다고 해도 과연 이를 '즐길' 사람이 있을까? 먹거리에도 엄연히 급이 있다. 티본스테이크는 고급 음식이지만, 삶은 번데기를 품격 높은 요리라고 생각하는 경우는 흔치 않다. 2005년에 북한을 탈출한 신동혁은《월스트리트저널》과의 인터뷰에서 이렇게 말했다. "자유는 그릴에 구운 쇠고기의 다른 이름이었습니다."

마빈 해리스에 따르면, 고기 먹기를 거부하는 사람은 전체 인류의 1% 남짓밖에 안 된다. 진정한 채식주의자는 0.1% 수준이다. 대다수 사람은 고단백질의 맛있는 고기에 끌린다. 그러나 고기는 상대적으로 귀한 먹거리다. 채소와 견주면 쇠고기·돼지고기 가격은 비싼 편이다. 따라서 내키는 대로 육식을 할 수 있는 사회는 풍요롭고 자유롭다 할 만하다.

이런 의미에서 신동혁의 말은 먹거리의 민낯을 보여 준다. 억압이 심한 사회에서 고급 음식은 권력자들만 마음대로 먹을 수 있다. 자유로운 사회에서는 누구나 형편만 되면 마음에 드는 먹거리를 손에 넣을 수 있다. 문제는 비싼 육식을 '자유롭게' 어느 때나, 누구나 취할 수 있는 사회가 흔치 않다는 점이다. 그래서 사람들은 다양한 방식으로 '고급 식재료에 끌리는' 식욕을 채워 줄 만한 대안을 찾아내곤 했다.

프라이드치킨 탄생의 비밀

프라이드치킨(fried chicken)은 조각낸 닭고기에 튀김옷을 입혀 뜨거운 기름에 튀겨 내는 요리다. 이는 원래 미국 남부 농장 노예들의 음식이었다. 주인들은 닭에서 살이 많은 부위만 골라 불에 구워 먹는 로스트치킨(roast chicken)을 즐겼다. 맛 좋은 음식이 풍성한 식탁에서는 굳이 닭목과 날개, 발까지 욕심을 낼 이유가 없었다. 노예들은 주인이 관심을 두지 않는 이런 부위를 모아서 기름에 튀겨 먹었다. 기름지고 열량이 높은 닭튀김은 힘든 육체노동에 시달리는 이들에게 값싸고 훌륭한 영양식이었다.

우리의 순대, 족발, 감자탕도 다르지 않다. 1970년대, 경제 규모가 어느 정도 커지면서 양돈산업(養豚産業)도 제법 규모 있게 자리를 잡았다. 하지만 여느 사람들에게 돼지고기는 결코 싸지 않았다. 등심과 안심같이 먹기 좋고 맛있는 부위는 대부분 일본 등으로 수출되었다. 창자와 내장, 돼지머리와 족발, 등뼈와 같이 외국 사람들이 찾지 않는 부위는 '부속물'로 시장에 엄청 풀려 나왔다.

사람들은 이런 값싼 식재료로 푸짐하고 기름진 음식을 만들어냈다. 순댓국밥집이 여기저기 들어선 시기도 이 무렵이다. 돼지 등뼈가 주재료인 감자탕도 이즈음 많아졌다. 순댓국을 파는 곳에서는 순대와 내장, 머릿고기 등이 함께 나온다. 그러나 순댓국밥집에서 돼지고기 안심과 등심을 함께 파는 경우는 좀처럼 없다. 부속물에서 태어난 음식의 역사가 고스란히 엿보이는 대목이다.

게다가 족발은 오향장육(五香醬肉) 같은 고급 음식과 조리법이 비슷하다. 오향장육은 회향·계피·산초·정향·진피의 다섯 가지 향신료를 넣은 간장에 기름기가 적은 돼지의 부위를 조려 얇게 썬 중국요리다. 여기서 재료를 돼지 발로 바꾸고, 우리 입맛에 맞지 않는 향신료를 몇 개 덜어 낸 채 간장에 조리면 족발이 된다. 값싼 재료로 고급 음식의 향미를 살려 낸 셈이다. 순대도 다르지 않다. 우리가 흔히 접하는 순대는 안에 돼지 피와 당면을 섞어 속을 채운 것이다. 값싼 재료로 가격을 낮추면서도 비싼 고기 요리의 느낌을 살린 모양새다.

삼겹살이나 돼지갈비도 마찬가지다. 이는 모두 외국 사람들이 그다지 즐기지 않던 식재료들이다. 외화벌이가 우선이던 시대, 등심과 안심 같은 고급 부위를 많이 수출할수록 이런 부위들은 주체하기 힘들 만큼 남아돌았다. 값싸고 풍성한 식재료는 고급 음식처럼 우리의 식탁에서 소비되었다.

구이는 가장 낭비가 심한 조리법이다. 국으로 끓이면 적은 식재료로 양을 늘릴 수 있다. 반면에 불에 구우면 맛은 좋아져도 영양가 높은 부위 가운데 적지 않은 양이 타서 사라져 버린다. 그 때문에 구이는 옛날부터 부자들의 식탁에나 어울리는 조리법으로 여겨져 왔다. 하지만 지금은 삼겹살'구이'와 '숯불'갈비가 저렴한 재료로 평범한 사람들도 쉽게 즐기는 고급 요리(?)가 되었다. 부담이 된다 해도 이 정도는 기분 나면 선뜻 먹을 정도의 음식으로 자리 잡았다는 의미다.

가난을 벗고 서민 음식으로 자리 잡다

로큰롤의 제왕 엘비스 프레슬리Elvis A. Presley는 대식가였다. 유명해진 뒤에도 그는 어린 시절에 먹던 '소박한' 샌드위치를 즐기곤 했다. 풀스 골드 로프(Fool's Gold Loaf)라고 불리는 이 샌드위치는 큼직한 빵 덩어리에 땅콩버터 한 통, 포도잼 한 통을 통째로 바른 것이다. 여기에 바나나 조각을 얹기도 하고 구운 베이컨을 끼워 넣기도 한다. 열량은 무려 5,530kcal! 성인 남자 하루 권장 열량의 두 배가 넘는 수치다.

그렇지만 프레슬리에게 풀스 골드 로프는 끊기 힘든 음식이었다. 스트레스가 심하고 불안할 때 맛있는 음식을 먹으면 마음이 편안해진다. 어린 시절의 행복을 떠올리게 하는 요리라면 더더욱 그렇다. 이른바 '소울 푸드(soul food)'란 이렇듯 마음에 위안을 주는 음식을 일컫는다. 프레슬리에게는 풀스 골드 로프가 소울 푸드였던 셈이다. 그렇다면 우리에게 소울 푸드는 어떤 것일까?

"저는 스트레스를 받을 때마다 샐러드를 먹어요.", "저는 불안할 때면 다이어트 바를 먹으며 마음을 다독입니다."라고 말하는 사람은 별로 없다. 마음의 위안을 주는 음식은 대개 칼로리가 높다. 달고 기름진 풍성한 음식으로 배 속을 채울 때의 만족감은 어떤 힘든 상황도 견딜 만하게 만들어 준다.

값싸고 기름진 음식들은 우리 주변에 널려 있다. 앞서 소개한 순대, 족발, 삼겹살, 감자탕 등도 여기에 들어가겠다. 이런 먹거리들을 소울 푸드로 꼽는 이가 적지 않을 듯싶다. 길거리 떡볶이에서 라면에 이르기까지, 포만감과 마음의 위안을 주는 달달하고 지방이 가득한 음식은 한둘이 아니다. 따지고 보면 우리 주변에 소울 푸드의 후보가 될 만한 음식이 적지 않다.

문제는 이런 음식들이 마음에 위안을 안길 수는 있어도 건강에는 그다지 좋지 않다는 점이다. 영양부족이 일상이던 시기엔 이런 음식들이 '보양식'일 수 있었다. 그러나 지금은 뱃살과 지방간을 걱정하는 이들이 넘쳐 나는 세상이다. 예전에는 기름진 '단짠' 음식이 고급으로 통했다. 이 점은 서양에서도 다르지 않았다. 수백 년 전 유럽에서는 재료를 뭉개고 으깨어 설탕과 향신료를 뒤범벅한 요리가 훌륭한 궁중 요리로 통하곤 했다. 설탕과 후추 같은 수입 재료들은 아무나 접하기 힘든 귀한 재료였기 때문이다.

나아가 예전에는 신분에 따라서 먹는 음식도 달랐다. 송(宋)나라 사신 서긍은 고려를 둘러본 뒤, 당시 고려 사람들의 식습관을 이렇게 정리했다. "왕이나 귀족은 양고기와 돼지고기를 먹지만, 가난한 백성은 미꾸라지·전복·조개·다시마 등을 먹는다." 권력자와 평민이 먹는 음식이 달랐다는 의미다.

하지만 지금은 신분에 따라 먹거리가 갈리지 않는다. 엘비스 프레슬리가 질 좋은 음식을 먹을 돈이 없어서 칼로리 폭탄인 샌드위치를 찾은 것이 아니듯, 이제는 등심을 못 먹어서 할 수 없이 순대·족발·삼겹살을 대신 식탁에 내놓는 시대가 아니다. 그냥 이런 음식들이 맛있어서 먹을 뿐이다.

우리 주변에는 가난 탓에 태어난 음식이 적지 않다. 예컨대 부대찌개는 미군부대에서 쓰고 남은 음식물을 끓인 '꿀꿀이죽'에서 비롯되었다. 음식물 쓰레기를 끓여서 먹는 꼴이었다. 꿀꿀이죽은 무척 역한 음식이었지만, 6·25 전쟁이 끝난 뒤 굶주린 시절에는 이런 음식을 대체할 다른 뾰족한 수가 없었다.

1960년대 말에는 '유엔(UN)탕'이 서울 남대문시장 가판대에 등장했다. 살림살이가 조금 나아지자 미군이 버린 음식 가운데 먹을 만한 것들만 추려서 탕을 끓인 것이다. 푸성귀에 고기나 햄, 소시지 조각을 넣어서 탕으로 만들었다고 한다. 유엔탕의 뒤를 이은 것이 현재 우리가 즐겨 먹는 부대찌개다. 물론 지금은 버린 재료로 음식을 만들지 않는다. 부대찌개는 이제 김치전골에 햄과 소시지, 통조림 콩을 섞은 '동서양 퓨전 음식'에 가깝다. 가격도 여전히 다른 음식에 비해 헐한 편이다.

지금 부대찌개를 '죽지 못해' 먹는 사람이 있을까? 순대도, 족발도, 감자탕도 부대찌개처럼 여느 시민이 즐기는 먹거리 가운데 하나일 뿐이다. 풍요로워진 우리의 식탁은 음식들에 씌워진 가난의 그림자를 걷어 냈다. 순대, 족발, 삼겹살 등은 이제 누구나 즐길 수 있는 서민 음식으로 자리 잡았다.

연인처럼 뜨겁게 먹어라

연령에 따라 먹어야 하는 음식의 경계도 흐릿해지고 있다. 어른이 달달한 군것질거리를 좋아하면 혀를 끌끌 차던 시대도 있었다. 서양에서도 한동안 '단 과자는 어린아이들이나 좋아하는 음식'으로 여겨졌다. 단맛을 좋아하는 데는 별다른 교육이 필요하지 않다. 우리의 혀는 원래 단맛에 끌리지 않던가. 그러나 담백한 맛, 매운맛, 쓴맛 등 보다 풍부하고 다양한 맛을 즐기기까지는 많은 경험과 훈련(?)이 필요하다.

그 때문에 서양에서는 성인 남자가 '봉봉(bonbon)'같이 다디단 과자를 공개된 장소에서 먹으려면 적잖은 용기가 필요했다. '그 나이 되도록 입맛도 성숙하지 못한 덜떨어진 인간'이라는 경멸의 시선을 견뎌야 했던 탓이다.

하지만 현대에는 맛에 대한 금기가 여기저기서 무너지는 중이다. 어른이 사탕을 즐긴다고 해서 무엇이 문제란 말인가? 노인이 햄버거 가게에서 감자튀김을 맛있게 먹는다고 해서 과연 나잇값 못 한다고 혀를 끌끌 차는 사람이 있을까?

> 이것이야말로 연인들이 얼마 안 되는 것을 가지고 행복해지는 법. 약간의 햇살과 그 둘을 위한 고깔에 담긴 감자튀김. 햇살이 좋은 날이면 어깨동무를 하고 센강을 따라 고깔에 담긴 감자튀김을 집어 먹으며 길을 거닐지. 다 먹어 버리면 다시 사러 가네. 서로 사랑하기 위해 집에 돌아오네. 아주 빨리.[12]

1950년, 프랑스의 배우이자 샹송 가수 이브 몽탕^{Yves Montand}이 부른 〈감자튀김 고깔^{Cornet de frites}〉이라는 노래의 가사다. 가사에서 드러나듯, 이미 당시에도 '식탁의 격식'은 사라지고 있었다. 길거리에서 음식을 손으로 집어 먹으면 어떤가? 좋은 사람과 맛있게 먹으면 그만이지 않는가? 음식은 신분과 나이, 시간과 장소의 제약에서 '해방'되었다. 우리는 원하는 것을, 원하는 만큼, 누구와 먹어도 되는 시대를 살고 있다.

새로운 식품 계급의 탄생?

> 식품산업은 소금과 설탕, 지방을 가득 함유한 값싸고 허접한 음식을 소비자에게 공급해 빠른 시일 안에 의사와 영양사를 찾아가게 만든다. (…) 광고산업은 가뜩이나 없는 돈을 써서 자신에게 필요도 없는 허섭스레기를 구매하라고 부추긴다. 그러고 나서 우리는 심리치료사를 찾아가 그 어깨에 얼굴을 파묻고 운다. 이것이 오늘날 우리가 살고 있는 디스토피아의 모습이다.[13]

네덜란드의 사상가 뤼트허르 브레흐만^{Rutger C. Bregman}이 『리얼리스트를 위한 유토피아 플랜』에서 내린 우리 시대에 대한 평가다. 현대인의 식탁은 평등하다. 달고 기름진 음식을 누구나 쉽게 손에 넣는 시대다. 하지만 이런 세상에 살고 있는 우리는 과연 건강하고 행복할까?

좋은 음식을 고르는 기준은 예전과 많이 달라졌다. 예를 들어 원래 메밀가루는 싸고 밀가루는 비쌌다. 밀은 우리 땅에서 잘 나지 않지만, 메밀은 어디서나 쉽게 자라고 금방 수확할 수 있었기 때문이다. 그러나 지금은 메밀가루가 밀가루보다 두 배 이상 비싸다. 밀가루가 수입되어 흔해진 탓도 있지만, 메밀이 더 건강에 좋다는 생각이 널리 퍼지게 된 까닭이다.

현대인의 식탁에서는 또다시 새로운 '신분 차이'가 생겨나고 있다. 달고 기름진 음식은 더 이상 고급이 아니다. 일상에서 '초딩 입맛'은 그다지 긍정적인 의미로 쓰이지 않는다. 이런 먹거리에 끌리는 이들이 자기 관리를 잘하기는 쉽지 않을 테다.

살 만한 사람들일수록 '고급 입맛'을 갖고 있다. 이들은 음식 하나하나의 성분과 칼로리를 면밀하게 살펴보며 체중을 관리한다. 이들은 초딩 입맛을 경계하며 괜찮은 먹거리를 찾는 데 공을 들인다. 그래서 다른 사람보다 더 건강하고 건전한 일상을 누릴 가능성이 크다.

물론 이렇게 생활을 꾸리기 위해서는 적잖은 시간과 노력을 들여야 한다. 따라서 경제적으로 어느 정도 여유로워야 한다. 군살 없는 몸매와 균형 잡힌 체형이 '중요한 스펙'처럼 여겨지는 이유도 여기에 있을 듯싶다. 이런 모습은 음식을 둘러싸고 생겨난 새로운 신

분 차이를 보여 주는 증거이기도 하다. 이를 극복하려면 어떻게 해
야 할까?

| 생각이 담긴 식탁 |

니체의 고기 사랑

프리드리히 니체 Friedrich Wilhelm Nietzsche 에게는 '망치를 든 철학자' 라는 별명이 붙어 있다. "신은 죽었다!"라는 유명한 말에서 느껴 지듯, 그는 기존의 가치와 도덕을 사정없이 때려 부수곤 했다. 그 는 겸손과 순종을 강조하는 도덕 윤리란 인간을 노예같이 길들이 는 수단일 뿐이라며 목소리를 높였다. 니체에 따르면, 인류를 진 정 위대하게 만드는 길은 '주인의 당당함과 기품'을 회복하는 데 있다.

니체의 식습관도 그의 사상과 통하는 데가 있다. 건강을 지키 고 싶다면 채소를 많이 먹고 고기를 적게 먹어야 한다. 이런 믿음 은 니체의 시대에도 상식이었던 듯하다. 그런데도 니체의 식단에 는 과일이나 채소가 별로 없다. 그는 소시지나 고기를 무척 즐겼 다. 게다가 위를 가득 채울 때 소화도 더 잘된다는 획기적인(?) 믿 음을 갖고 있기도 했다.

니체는 평생 건강과는 거리가 멀었다. 천재적인 발상과 주장 으로 이십 대에 바젤대학 정교수가 되었지만, 그의 몸 상태는 명성을 지켜 줄 만큼 좋지 못했다. 이후 뇌 질환으로 정신줄을 놓을 때까지 그는 골골한 상태로 물 맑고 공기 좋은 곳을 떠돌았다. 그렇지만 여러 기록으로 볼 때, 그의 '고기 사랑'은 끝까지 이어졌던 듯싶다.

"열린 공간에서 자유롭게 움직이는 동안 떠오른 생각이 아니면 믿지 말라. 근육이 흥겹게 축제를 벌이고 있지 않을 때 떠오른 생각도 믿지 말라. 모든 편견은 창자에서 탄생한다."[14] 『음식에 대한 거의 모든 생각』에서 소개하는 니체의 말이다. 만약 그가 채소와 과일을 즐기고 적게 먹기를 권하는 '상식적인 건강한 식습관'을 따랐다면 어땠을까? 자신의 말처럼, 창자가 편견을 안기는 일도 많이 줄어들지 않았을까?

PART 9

혼밥과 먹방

음식의 미래는 공동 식사일까?

짐승은 먹이를, 사람은 밥을, 지성인은 예의를 갖춰 먹는다

한(漢)나라를 세운 유방은 평민 출신이었다. 소탈했던 그는 예의 범절을 중요하게 여기지 않았다. 유방의 편안함은 사람들의 마음을 끌었다. 하지만 천하를 차지하자, 그의 장점은 단점이 되어 버렸다. 신하들은 술만 마시면 엉망진창이 되었다. 황제가 있건 없건 서로 제가 잘났다며 다툼을 벌였고, 심지어는 칼을 뽑아 기둥을 내려치기도 했다. 보다 못한 선비 숙손통이 팔을 걷어붙이고 나섰다. 그는 '조정 의례(朝廷儀禮)'를 만들어 황제와 신하가 서로 지켜야 할 규율과 예법을 강조했다. 그러자 비로소 궁정에는 질서가 잡혔고, 황제의 위엄도 살아났다.

"폐하, 말 위에서 나라를 다스릴 수 없습니다." 유방에게 어느 신하가 던진 충고다. 말을 타고 전쟁을 벌여 힘으로 세상을 차지할 수는 있다. 그러나 세상을 다스리는 일은 별개다. 여기에는 규칙과 질서가 필요하다.

이 점은 식사할 때도 다르지 않다. 살코기와 지방, 설탕이 가득한 음식으로 배를 채울 수는 있다. 그런데 이는 짐승도 한다. 허기를 채우고 뱃구레를 그득하게 하는 데만 열중하면, 어느덧 짐승 같은 본능이 내 삶을 지배하게 될 것이다.

'사람답게 먹기'는 당연히 이것 이상이어야 한다. 인간에게 식사는 단지 배고픔을 없애는 일이 아니다. 장 브리야사바랭은 "짐승은 먹이를, 사람은 밥을, 지성인은 예의를 갖춰 먹는다."라고 했다. 인간은 '함께' 식사하는 과정을 겪으며 비로소 '사람다워'진다.

공동 식사는 차별을 없앤다

식당 가장 높은 곳에 놓인 식탁에 지도자 부부가 앉습니다. 그 맞은편 자리는 무리 중 가장 나이가 많은 두 사람의 몫입니다. 나머지 식탁에는 젊은이들과 나이 든 이들이 서로 섞여 앉습니다. 이렇게 해야 젊은 사람들이 제멋대로 행동하지 못할 테니까요. 연장자들의 무게 있는 말과 태도에서 자라나는 세대들은 배움을 얻습니다. 음식은 노인에게 먼저 주고, 차례대로 골고루 분배합니다. 양이 넉넉하지 못할 때는 나이 든 사람들이 자기 몫을 떼어 나누어 줍니다. 이렇게 하면서 노인들은 존경을 얻습니다. 식사 전에는 도덕적인 교훈이 담긴 짧은 글을 읽습니다. 여기에서 실마리를 얻어 연장자들이 식탁에서의 대화를 이끌어 가지만, 젊은이들의 이야기를 귀 기울여 듣기도 합니다. 그 가운데 각자의 개성과 능력이 드러나곤 합니다.

토머스 모어의 『유토피아』에 나오는 공동 식사 장면을 축약한 내용이다. 이런 모습은 생각보다 낯선 광경이 아니다. '해리포터' 시리즈에 등장하는 마법 학교 기숙사 식당의 모습을 떠올려 보라. 교장을 비롯한 선생님들이 단상 위 식탁에 앉고, 학생들은 긴 식탁에 줄지어 앉는다. 실제로 지금도 영국의 기숙형 학교들은 이런 전통을 이어 가는 곳이 적지 않다. 식사 전 기도와 묵상을 하는 모습은 종교 학교에서 흔히 볼 수 있는 풍경이다.

우리 가정에서도 식사할 때 나름대로의 의식과 절차가 있다. 대가족이 식사할 때는 할머니와 할아버지가 가장 좋은 자리에 앉고, 음식도 먼저 대접받지 않던가. 덕담으로 대화를 시작하며 격식에 따라 식사가 이루어진다. 식사를 통해 '밥상머리 교육'이 이루어지는 셈이다.

"사자나 늑대라면 몰라도, 인간은 그렇게 먹지 않지요." 아프리카에 사는 쿵족의 말이다. 그들은 혼자 음식 먹는 것을 짐승이나 하는 짓으로 여긴다. 인간은 마땅히 함께 먹어야 한다. 왜 그럴까? 문을 닫아걸고 홀로 먹을 때는 배불리 먹어도 마음에 거리낌이 없다. 하지만 모두 함께 먹을 때는 다르다. 쫄쫄 굶고 있는 누군가가 한 상 차려 놓고 있는 나를 바라보고 있다고 해 보라. 이런 상황에서는 마음이 불편하고 미안해서 혼자 음식을 독차지하고 먹을 수 없다. 그래서 자연스레 음식을 나누게 되고, 이런 과정에서 '우리는 하나'라는 마음이 싹튼다.

이쯤 되면 인류 역사에서 왜 '혼밥'을 마뜩잖게 여겼는지가 이해될 듯싶다. 자유·평등·박애를 앞세운 프랑스대혁명 시기에는 짧은 기간이었지만 파리 시민들에게 '거리에서의 공동 식사'가 의무화되기도 했다. 옛 스파르타에서도 공동 식사는 시민이 지켜야 할 규칙 가운데 하나였다. 이를 어겼다간 '사형'에 이를 수도 있었다. 그만큼 공동 식사가 사회를 유지하는 중요한 의식으로 여겨졌다는 뜻이다.

나아가 우리는 일상에서 "언제 밥 한번 같이 먹자."라는 말을 흔하게 건네곤 한다. 멀리하고 싶은 불편한 사이에 이런 대화가 오가는 경우는 없다. 식사를 함께한다는 것은 친근함을 키우며 관계를 가꾸는 일이기도 하다.

공산주의 부엌의 탄생

공동 식사의 장점은 여기에서 그치지 않는다. 식사는 함께할수록, 그것도 대규모일수록 경제적이기까지 하다. 일찍이 독일의 여성운동가 릴리 브라운Lily Braun은 '센트럴 키친 하우스(central kitchen house)'를 만들자고 주장했다. 이는 커다란 식당을 중심으로 50~60가구가 함께 사는 마을 같은 집이다. '크고 예쁜 정원으로 둘러싸인' 이 집들에는 각각의 주방이 없다. 그 대신 1층에 중앙 부엌이 자리 잡고 있다. 주민들이 봉급을 주는 조리사가 이 부엌을 운영하며 공동 식사를 제공한다.

집집마다 식사를 따로 마련할 때는 낭비가 엄청나다. 냉장고마다 그득히 들어 있는 식재료들을 떠올려 보라. 상당수는 그냥 버려진다. 그런데 대규모로 식사를 준비한 뒤 모두가 한꺼번에 먹으면 음식 낭비를 크게 줄일 수 있다. 게다가 음식을 조리하는 데 드는 품도 훨씬 적게 든다.

센트럴 키친 하우스는 구소련에서 실제로 시도되기도 했다. 1923년, 모스크바에서는 '인민의 영양'이라는 협동조합이 문을 열었다. 이는 '3,000명분의 식사를 한꺼번에 대접하는 대규모 공장형 부엌'을 만드는 것을 목적으로 했다. 1929~1933년에 공장형 부엌은 15곳에서 105곳으로 늘어났다. 여기서 식사를 공급받는 식당도 153곳에서 533곳으로 크게 증가했다. 이를 권력자들은 '식생활 개혁'이라며 소리 높여 자랑했다. 음식을 만드는 데 들여야 하는 주부들의 수고를 줄였을뿐더러, 훨씬 깨끗하고 균형 잡힌 영양식을 제공한다는 이유에서다. 이때만 해도 '공산주의 부엌(communism kitchen)'은 인류가 꿈꿔야 할 미래처럼 보였다.

우리의 학교급식도 공산주의 부엌과 크게 다르지 않아 보인다. 2003년, 우리나라 초중고 모든 학교에서 단체 급식이 실시되었다. 그러자 집집마다 도시락을 싸는 수고가 사라졌다. 그 결과 가정주부들의 삶의 질도 높아졌다.

어떻게 따져 봐도, 밥은 함께 지어서 같이 먹는 편이 훨씬 경제적이다. 게다가 공동체를 꾸리고 가꾼다는 점에서도 바람직하다. 하지만 잘 알려졌듯, 소련의 '단체 급식 국가 프로젝트'는 오래전에 실패했다. 게다가 대규모 식당에서 함께 식사하는 우리 학생들의 표정도 언제나 밝지만은 않다. 왜 그럴까?

혼밥, 음식 전체주의에 맞서다?

이성적이고 합리적인 것은 바람직하다. 규칙은 누구나 쉽게 따를 수 있을 만큼 분명해야 좋다. 예측 가능하며, 과학적으로 설명할 수 있어야 설득력도 높다. 이는 현대문명을 이끈 모더니즘을 이루는 기본적인 믿음이다. 하지만 일상에서 이성적이고 합리적인 것이 꼭 매력 있지만은 않다. 오히려 내 삶을 옥죄는 답답함으로 다가올 때도 많다.

식사만 해도 그렇다. 시간에 맞춰 정해진 규칙에 따라 밥을 먹는 상황이 좋기만 할까? 밥 먹을 때마다 '친교'를 다진답시고 친하지도 않은 사람과 자리를 함께하라고 한다면? 밥 먹을 때라도 편하게 있고 싶다는 생각이 들지는 않을까?

게다가 공동 식사가 되레 차별을 일으키는 경우도 적지 않다. 격식 있는 자리에서는 특히 그렇다. 예전에 프랑스 귀족들의 식탁에서는 식사 예법이 매우 까다로웠다. 나이프와 포크 쓰는 법, 음식 먹는 방식부터 대화를 나누는 순서에 이르기까지 모든 과정에 복잡한 규칙들이 숨어 있었다. 이를 잘 몰라 허둥지둥했다가는 '교양 없는 자'로 손가락질을 받았다. 지금도 낯선 음식들 앞에서 자신의 교양을 과시하는 이들이 꽤 있다. 이런 자들과 밥 먹으며 많은 것을 따지고 고민해야 한다면 함께하는 식사가 즐거울 리 없다.

그 때문에 누구와도 말을 섞지 않고 TV나 스마트폰의 화면을 들여다보며 혼밥 하고픈 욕망은 그다지 이상하게 느껴지지 않는다. 편하고 싶은 마음은 인간의 본능이다. 물론 공동 식사는 공동체와 문명을 가꾸는 출발점이다. 하지만 무언가를 먹는 시간은 지치고 힘든 내 삶에 위로를 안기는 소중한 시간이기도 하다.

모더니즘은 효율과 통일을 앞세운다. 그럴수록 나는 정해진 규칙과 질서를 따라야 한다. 이럴 때 내게 허용된 자유는 '스스로 결심해 규칙을 잘 따르는 자유'일 뿐이다. 그 속에 나의 개성과 '나다움'이 자리 잡을 곳이 있을까? 공산주의 부엌은 모더니즘의 정신을 잘 구현한 결과였다. 그러나 인간의 정신은 늘 탈출을 꿈꾼다.

대규모 식당은 효율적이다. 하지만 이는 집안마다, 마을마다 있는 다양한 음식 문화를 허약하게 만든다. 대형 식당에 길들여질수록 사람들의 입맛도 점점 비슷해지는 까닭이다. 스스로 음식 만드는 법을 잊어버린 사람들은 점점 더 공장에서 '생산'된 음식에 의존한다. 이 점에서 대단위 급식은 모두의 생각을 하나로 통일하려는 '전체주의'처럼 느껴지기도 한다. 현재 우리 사회 여기저기서 불거져 나오는 혼밥에 대한 열망은 '음식 전체주의'에 맞서려는 개인들의 투쟁이 아닐까?

혼밥과 먹방, 최악의 만남

사실 '식탁 공동체'는 우리 사회에서 무너진 지 오래다. 학교급식에는 처음 실시될 때부터 '공동체를 가꾸는 의식(儀式)'이 없었다. 식사하기 전 기도를 하거나 감사의 말을 하고, 서로 친교를 나누는 절차를 진행하는 학교가 얼마나 되는지 생각해 보라. 식사는 그냥 허기를 없애는 일과의 한 부분일 뿐이다.

가족 식사에서도 이 점은 다르지 않아 보인다. 명절 때 대가족이 함께 식탁 앞에 앉는다고 해도, 이제 자리 배치는 더 이상 '관계'를 중심으로 이루어지지 않는 듯싶다. 집안 어르신이 앉는 자리를 눈여겨보라. 어느 순간부터 상석(上席)은 'TV가 가장 잘 보이는 자리'가 되지 않았는가? 식사의 목적에서 대화와 관계 가꾸기는 뒤로 밀려나 버린 느낌이다.

그렇다면 혼밥은 바람직할까? 혼밥은 매우 편하다. 휴일에 혼자 TV를 틀어 놓고 냉장고 속 반찬통을 그대로 꺼내 와서 늘어놓은 채, 아무도 신경 쓰지 않고 식사할 때의 여유로움은 감미롭기까지 하다. 그러나 혼밥은 건강에 좋지 않다. 사람들과 식사할 때는 예의를 차려야 한다. 그 가운데 식탐도 절로 내려놓게 된다. '음식 밝히는 사람'이라는 말을 듣고 기뻐할 이가 얼마나 되겠는가? 혼밥을 할 때는 이런 평가를 받을 부담이 없다. 그래서 마음껏 음식에 고개를 파묻게 된다.

혼밥의 짝꿍이 '먹방'일 경우, 상황은 최악으로 치닫는다. 공동 식사에서는 에티켓이 중요하다. 그러나 먹방에서는 군침이 돌게끔 맛있게 먹는 모습이 강조될 뿐이다. 먹방을 벗 삼아 식사를 한다면 욕망을 다스릴 정신의 고삐가 완전히 풀려 버린다.

옛 선비들은 '신독(愼獨)'을 끊임없이 되새겼다. 신독이란 혼자 있을 때도 늘 조심하고 행동을 삼간다는 뜻이다. 그렇다면 이제는 혼밥에도 신독에 버금갈 만한 '음식 윤리'가 필요하지 않을까? 홀로 식사를 하더라도 제대로 상을 차리고, 자신을 대접한다는 느낌으로 격식을 갖춰 먹어야 한다는 의미다. 거듭 말하지만, 인간은 '사람답게 먹는다'는 점에서 사자나 늑대와 다르다.

음식의 미래는 단체 급식?

혼밥의 윤리를 고민하기에 앞서, 먼저 생각해 봐야 할 부분이 있다. 일본의 칼럼니스트 하야미즈 겐로速水健朗는 음식의 미래는 결국 '단체 급식'이라며 조심스럽게 의견을 내놓았다.

사회는 빠른 속도로 고령화되고 있다. 결혼하지 않는 사람도 많고, 아이를 갖지 않는 부부도 적지 않다. 당연히 미래에는 노인만 사는 집들이 늘어날 것이다. 이들이 끼니마다 제대로 요리해서 먹기가 쉬울까?

나아가 요새는 자식들이 노인이 된 부모와 같이 사는 경우가 드물다. '요양원에서 보내는 노년'은 우리 사회에서도 '상식'이 되어 가는 중이다. 그렇다면 음식의 미래는 '외식'에서 '배달 음식'을 거쳐 노인 시설에서 제공하는 단체 급식으로 진화(?)해 갈 것이다. 유치원 단체 급식으로 시작된 우리의 공동 식사는 학교급식을 거쳐, 마침내 요양원의 급식으로 마무리될 가능성이 크다. 결국 음식의 앞날은 혼밥이 아닌 공동 식사일 듯싶다.

하지만 이런 식사가 과연 '사자나 늑대의 먹이'보다 나을 게 있을까? 식사가 나를 사람답게 만들지도 않고, 위안이 되지도 않으며, 단지 생명을 붙어 있게 만드는 '사료 제공' 정도라면 이런 음식을 바람직하다고 할 수 있을까? 음식에 대한 고민은 맛과 영양 수준에 그쳐서는 안 된다. 내 삶을 튼실하게 하려면 '인간다운 식사'란 무엇이며, 내 삶을 바람직하게 가꿀 음식 문화란 무엇인지부터 고민해야 한다. 다음 장에서는 이 점을 진지하게 살펴보려 한다.

사르트르의 실존적(!) 다이어트

사르트르 Jean-Paul Sartre는 20세기 중반에 '사상계의 제임스 딘'
이라는 별명이 붙을 정도로 인기를 끌었던 철학자다. 물론, 그의
외모는 제임스 딘하고는 거리가 있다. 키가 작고 통통했으며 사
시(斜視)도 심했다. 사르트르는 자신이 '배 나오고 뚱뚱한 대머리
아저씨'가 될까 봐 걱정하곤 했다. 살집 많은 늘어진 몸매는 게
으르고 자기 관리를 못하는 사람의 특징이라 여겼기 때문이다.

그는 엄청난 대식가였다. 많이 먹었을뿐더러, 술과 담배도 매
우 즐기는 편이었다. 이런 그가 어떻게 체형 관리(?)를 할 수 있었
을까? 특별한 비법은 없었다. 그냥 너무 심하다 싶으면 덜 먹으며
자제했다가, 괜찮다 싶으면 다시 폭식하기를 거듭했다.

중요한 점은 사르트르의 '다이어트(?)'에는 늘 '결단'이 담겨
있었다는 사실이다. 실존주의는 개인의 자유를 중요하게 여기며
결단을 통해 스스로 삶을 열어 가는 자세를 강조한다. 사르트르
의 생활 태도가 그러했다. 그는 사람도 좋아했고 대화 역시 즐겼
다. 푸짐한 식사 또한 사르트르에게 큰 즐거움이었다. 하지만 글

을 쓰고 연구해야 할 시간이 되면, 그는 자리를 박차고 파리 보나파르트 거리에 있던 자신의 집필 공간으로 돌아갔다.

목적이 분명한 삶은 생활의 리듬을 잡아 준다. 그는 평생 시대의 문제를 일깨우고 해법을 고민해야 하는 철학자의 자세를 내려놓지 않았다. 사르트르는 모델처럼 멋진 몸매를 갖춘 적이 단 한 번도 없었다. 언제 보아도 그냥 평범한 '아저씨'의 풍모였다. 그러나 사르트르는 심각하게 건강이 무너졌던 적도 거의 없었다. 폭식과 폭음, 엄청난 흡연을 거듭했다는 사실에 비추어 볼 때, 놀라운 결과다. 건강을 위해 다이어트를 하려는 이들은 사르트르의 '다이어트 비결'에 담긴 '삶의 목적과 생활의 리듬'을 살펴볼 필요가 있다.

PART 10

맛집의 유행

취향은 논쟁의 대상이 아니다?

유비 어머니와 차

유비는 돗자리를 짜서 생계를 꾸리는 가난한 청년이다. 그의 어머니는 유난히 차(茶)를 즐겼다. 하지만 찻값은 무척 비쌌다. 어머니는 입맛이 무척 고급이라 늘 최상급의 차를 마시고 싶어 했다. 효자 유비는 어머니의 소원을 들어주기 위해 대대로 내려오는 보검(寶劍)을 차고 차를 사러 나섰다. 중국 삼국시대 영웅들을 다룬 나관중의 『삼국지연의』는 이렇게 시작한다.

왜 유비의 어머니는 살림이 어려운데도 고급 차를 좋아했을까? 어찌 보면 그는 '허세'가 있다고 손가락질받는 부류의 사람 같아 보이기도 한다. 하지만 『삼국지연의』의 이야기를 좀 더 따라가 보면 어머니의 처지가 이해된다.

유비의 조상은 한(漢)나라 경제景帝의 아들 '유승'이다. 수백 년의 세월이 흐르면서 그의 가문은 서서히 무너졌고, 아버지마저 일찍 죽어 집안은 급격히 기울었다. 차를 즐기는 어머니의 고급 취향은 아마도 젊은 시절 기품 있는 집안에서 생활하며 몸에 밴 것이리라.

"부자는 망해도 삼대를 간다."라는 말이 있다. 이 말은 재산뿐 아니라 취향에도 통한다. 수준 높은 취향은 하루아침에 몸에 배지 않는다. 프랑스의 사회학자 피에르 부르디외^{Pierre Bourdieu}는 이를 '아비투스(habitus)'라는 단어로 설명한다.

취향은 하루아침에 만들어지지 않는다

벼락부자가 존경받기는 쉽지 않다. 돈이 많기에 사람들이 앞에서는 굽실대지만, 돌아서면 욕하기 바쁘다. 왜 그럴까? 뿌리 깊은 가문의 사람들은 '사회관계자본', '학력자본', '문화자본'을 갖추고 있다. 사회관계자본이란 인맥을 뜻한다. 권력 있고 돈 가진 집안끼리는 사업이나 결혼 등으로 서로 얽히게 마련이다. '그들만의 리그'가 있으며, 신참이 여기에 끼어들기란 쉽지 않다. 게다가 그들은 교육 수준도 높다. 먹고살 만하니 자녀들에게 신경을 많이 쓸뿐더러, 대개 자식들은 비슷한 명문 학교에 나란히 입학해 어린 시절부터 함께 지낸다. 이 때문에 그들은 탄탄한 학력자본을 갖추게 된다. 혈연과 학연이 촘촘히 자신들을 보호해 주는 셈이다.

나아가 그들은 문화자본도 지니고 있다. 말투, 옷, 몸자세에서도 '상류층다운' 분위기가 풍긴다. 예컨대 유럽에서 노동계급은 축구·농구 등 격렬한 운동을 즐기지만, 높은 신분일수록 골프·승마·폴로 같은 고급 스포츠를 좋아한다.

이 점은 입맛 차이로도 나타난다. 산업혁명 시기, 영국의 노동자들도 차를 마셨다. 그들에게 차는 맥주를 대신한 음료일 뿐이었다. 노동자들은 힘든 노역을 버텨 내기 위해 설탕이 담뿍 든 차를 마셨다. 맥주와 달리 차에는 알코올이 들어 있지 않아서 문제를 일으킬 일도 없었다. 이에 차는 노동계급에서 빠르게 퍼져 나갔다. 영국의 상류층도 차를 즐겼다. 그들은 차의 품종과 원산지를 섬세하게 따졌다. 이들에게 설탕을 퍼부은 차를 마시는 것은, 취하기 위해 술을 들이켜는 짓과 같은 경멸할 만한 행동이었다.

차의 쓴맛에서 즐거움을 느끼기 위해서는 오랜 경험이 필요하다. 좋은 차는 싸지 않았기에 꾸준히 즐기려면 먹고살 만해야 했다. 따라서 좋은 차를 마실 줄 안다는 사실은 사회적 신분이 꽤 높음을 뜻하기도 했다. 피에르 부르디외가 말하는 아비투스는 이렇듯 사회적 신분에 따라 몸에 밴 자연스러운 습관과 생활 태도를 뜻한다. 어느 계층이 클래식을 좋아하고 트로트에 끌리는지를 떠올려 보면, 아비투스가 뜻하는 바가 분명해질 듯싶다.

'눈 가리고 시음하기' 행사가 말해 주는 것

하지만 우리가 사는 사회에는 타고난 신분이 없다. 따라서 자신이 얼마나 훌륭한지를 아비투스보다 '소비'를 통해 증명하려는 이가 적지 않다. 비싼 차(車)를 몰거나 명품으로 온몸을 두르다시피 하며

'나 이런 사람이야!'를 뽐내는 이가 어디 한둘이던가.

이는 음식에서도 다르지 않다. SNS에는 멋지고 비싼 식당에서 찍은 사진들이 넘쳐 난다. 그러나 이런다고 한들 과연 다른 사람들에게 본인이 원하는 감탄과 존경을 받을 수 있을까? '된장력(力)', '허세남' 등이 무엇을 뜻하는지를 생각해 보면 답은 분명하다. 수준 높은 문화를 즐길 만한 교양과 품격이 없는 상태에서 비싼 소비를 내보이는 모습은 되레 '자랑질'로 경멸의 대상이 되곤 한다.

반면에 고급문화 자체가 과시 욕구에 지나지 않는다며 무시하는 자들도 있다. 억만장자인 도널드 트럼프Donald J. Trump 전(前) 미국 대통령은 햄버거 등 정크푸드를 즐겨 먹는다. 심지어 그는 자신의 먹성을 사람들에게 자랑하기까지 한다. 이를 통해 트럼프 대통령은 교양 있는 척하는 상류층과 달리, 자신은 솔직하고 소탈하다는 사실을 시민들에게 '증명'하려 한다. 그렇다면 정말 고급 취향은 자랑을 위한 허세에 지나지 않을까?

프랑스 보르도대학에서는 포도주를 연구하는 학생 54명에게 와인의 종류를 가려내게 하는 실험을 진행했다. 화이트와인에 무미(無味)의 색소를 타서 레드와인처럼 보이게 만들자, 대부분의 학생은 자신이 레드와인을 마셨다고 말했다. 싸구려 와인을 고급 포도주 라벨이 붙은 병에 넣어 마시게 했을 때는, 대다수가 고급 와인이 주는 '균형 잡히고 풍성한 맛'을 느꼈다고 답했다.[15]

이런 식의 실험 결과는 셀 수 없이 많다. '눈 가리고 시음하기' 행사는 음식이나 음료 마케팅에서 종종 벌어지곤 한다. 결과는 앞의 실험과 비슷했다. 눈을 가린 채로 콜라를 마신 사람들은 브랜드의 차이를 거의 잡아내지 못했다. 아예 콜라인지 사이다인지 구별하지 못하는 경우도 있었다.

이뿐만 아니라, 우리 뇌는 낱말들이 주는 느낌에도 심하게 흔들린다. 예컨대 메뉴판에 그냥 '비빔밥'이라고 적혀 있을 때와 '이천 쌀을 약수에 씻어 가마솥에 지은 흰쌀밥에 명성황후가 즐겨 먹던 볶은 고추장을 얹은 전주식 비빔밥'이라고 되어 있을 때의 느낌을 견주어 보라. 음식을 먹을 때 어느 쪽이 더 맛있게 느껴지겠는가? 장황한 설명이 붙으면 밥알 하나하나를 찬찬히 음미할 가능성이 커진다. 그럴수록 내 앞에 놓인 음식이 더 맛깔스럽고 고급스럽게 다가올 테다.

서양의 고급 식당도 별다르지 않다. 미국의 고급 식당들은 메뉴판에 프랑스어를 섞어 쓰는 경우가 적지 않다. '르 게살 칵테일(le crab-meat cocktail)', '가자미 쉬르 르 플라(flounder sur le plat)' 같은 식으로 프랑스어를 억지로 욱여넣은 엉터리(?) 영어를 쓰곤 한다.

이쯤 되면 북한 김정은 국무위원장에게 같이 햄버거를 먹자고 한 트럼프 대통령이 정직하고 친근감 있게 다가올지도 모르겠다. 피에르 부르디외의 말을 빌리면, 고급 취향은 자신이 남과 다르고 특별하다는 사실을 돋보이게 하려는 수단에 지나지 않는다.

트로트를 듣는다고 해서 클래식을 사랑하는 사람들보다 더 못하다는 법이 어디 있는가? 포도 품종과 원산지, 생산 연도를 꼼꼼히 훑으며 와인을 즐기는 전문가가 막걸리에 소주를 섞어 마시면서 흥취를 즐기는 '생활형 음주자'들보다 나을 것도 없다. 이런 주장을 담은 유명한 라틴어 속담이 있다.

"De gustibus non est disputandum(취향은 논쟁의 대상이 아니다)."

'좋은 것'과 '좋아하는 것'은 다르다

그러나 영국의 철학자 줄리언 바지니Julian Baggini는 고급 취향이 허세일 뿐이라는 주장에 강하게 고개를 젓는다. 그는 '좋은 것'과 '좋아하는 것'은 다르다고 힘주어 말한다. 예를 들어 보자. 피아노를 배우는 어린아이도, 전문 피아니스트도 쇼팽의 〈야상곡Nocturne〉을 연주할 수 있다. 이 둘의 차이가 없을까? 아마추어가 들어도 수준이 다르다는 사실은 금방 안다.

음식의 취향도 다르지 않다. 좋은 식재료로 정성껏 만든 음식과 조미료가 담뿍 든 싸구려 재료로 대량생산 한 냉동식품의 차이를 구별하지 못할 사람은 거의 없다. 물론 고급 레스토랑의 요리보다 냉동식품에 더 끌린다는 사람들도 있다. 그러나 이는 가공 음식을 '더 좋아한다는 것'이지 냉동식품이 '더 좋은 음식'이라는 뜻은 아니다.

나아가 바지니는 인간은 혀로만 맛을 느끼지 않는다고 강조한다. 1900년에 창간한 《미슐랭 가이드Guide Michelin》는 '맛집'의 권위를 높여주는 세계적인 잡지다. 이 잡지는 1920년대부터 괜찮은 식당들을 별

점을 매겨 구분해 왔다. 별 하나는 '요리가 특별히 훌륭한 식당', 별 둘은 '먼 곳에 있어도 찾아갈 만한 식당', 별 셋은 '요리를 맛보기 위해 여행을 꾸려도 아깝지 않은 식당'이라는 식이다.

별 셋을 받는다는 것은 요리사들 사이에서 엄청난 명예로 여겨지곤 한다. 그러나 《미슐랭 가이드》를 마뜩잖게 여기는 사람도 많다. 왜 그럴까? 평가 항목은 알려져 있지 않지만, 이 잡지는 음식 맛과 시설 등으로 별점을 매기는 듯 보인다. 우리가 좋은 식당에 가는 이유가 꼭 '음식'에만 있을까? 음식점 특유의 분위기, 같이 간 사람과의 관계, 가격표가 주는 위압감 등도 음식의 맛을 즐기는 데 적잖이 영향을 준다.

평양냉면 먹을 줄 안다는 말의 의미

줄리언 바지니는 인간은 '육체'와 '정신'으로 이루어진다고 거듭 말한다. 혀가 즐거운 것과 정신이 맛있게 느끼는 것이 항상 일치하진 않는다. 삼겹살에 붙은 비계를 예로 들어 보자. 지방은 원래 맛있는 부위다. (쇠고기 등심도 기름이 잔뜩 낀 '마블링'이 있어야 높은 등급을 받지 않던가!) 그것도 기름에 적당히 탔을 때 더 고소하고 맛있다. 하지만 많은 사람이 삼겹살을 먹을 때 기름에 탄 비계 부분을 떼어 내고 살코기만 먹는다. 왜 그럴까? 혀에 맛있어도 건강에는 좋지 못함을 알기 때문이다. 입맛을 건강하게 가꾼 사람은 아예 지방을 입에 넣으면 역겨움을 느끼기까지 한다.

이렇듯 인간의 입맛은 훈련으로 길들곤 한다. 김정은 국무위원장은 2018년 남북정상회담에서 평양냉면을 메뉴로 내놓았다. "홍어 좀 먹을 줄 아는군.", "평양냉면 먹을 줄 아는 사람이야."라는 말이 의미하는 바를 떠올려 보라. 삭힌 홍어는 쉽게 먹을 수 있는 음식이 아니다. 이를 잘 먹는다는 것은 호남의 음식 문화에 친숙하다는 사실을 드러낸다. 평양냉면도 처음 먹는 이들에게는 밍밍하기만 하다. 그럼에도 평양냉면을 즐길 줄 안다는 것은 풍미를 느낄 만큼 이북식 음식에 친숙하다는 뜻도 된다.

게다가 정상회담에서 북한은 예전과 달리 빨간 색깔의 새콤한 양념장을 냉면과 함께 내놓았다. 입맛이 우리처럼 자극적인 것에 끌리는 방향으로 바뀌어 간다는 의미도 되겠다. 이렇게 보면 남북정상회담에 평양냉면을 내놓은 것에는 매우 '정치적인 의미'가 담겨 있다. 남북이 같은 문화와 취향을 갖고 있음을 드러내는 '이벤트' 성격이 있기 때문이다. 취향은 하루아침에 몸에 배지 않는다. 이를 냉면으로 표현한 셈이다.

미식가는 음식에서 역사와 의미를 읽는다

그렇다면 음식에서의 고급 취향을 어떻게 봐야 할까? 인간은 혀에서 느껴지는 대로 맛을 평가하지 않는다. 고소한 지방을 역겹다고 밀쳐 내는 것처럼, 먹거리가 어떤 의미와 가치를 주는지에 따라 입맛은 얼마든지 바뀌곤 한다. 줄리언 바지니는 『철학이 있는 식탁』에서 이렇게 말한다.

> 가장 객관적인 시각에는 단순한 경험으로서의 음식 이상이 관여한다. 음식 생산에 대한 지식, 농업과 생산의 과학, 맛의 생물학, 세계경제와 사회에서 음식이 맡는 역할까지, 이 모든 게 음식에 대한 주관적 느낌을 넘어 우리를 객관적 영역으로 이끈다.[16]

훌륭한 미식가는 눈앞의 요리에서 '역사'와 '이야기'를 읽는다. '이 요리는 어떤 과정을 거쳐서 만들어졌을까? 좁은 우리에서 더럽게 살다가 잔인하게 살해당한 가축의 고기로 만들어졌다고?' 이런 생각이 든다면 고소한 육즙이 흥건한 피로 다가올 테다. 내가 마시는 커피 한 잔에 숱한 아프리카 사람의 '노예노동'이 담겨 있다면? 향긋한 커피 잔을 옆으로 밀쳐 낼지도 모른다.

건강을 생각할 때 지방에 끌리는 입맛이 변하는 것처럼, 좋은 음식 취향을 가진 사람들은 '좋아하는 것' 대신 '좋은 것'에 혀가 끌리게 된다. 이렇듯 음식을 먹는 것은 단순한 행동이 아니다. 나의 입맛에는 사회와 세상에 대한 '정치적 태도'가 오롯이 담겨 있다.

"평생을 80년이라 가정하고 하루 세 끼를 먹는다면 한 해 365일,

8만 7,600끼를 먹는다. 인생의 중요하고 비싼 행위를 풍요의 시대 인간들은 '생각 없이' 되풀이하고 있다."[17] 식품공학자 김석신 가톨릭대 교수가 『나의 밥 이야기』에서 건네는 충고다. 취향은 하루아침에 만들어지지 않는다. 끼니마다 내 삶과 세상을 더 아름답고 바람직하게 만들기 위해서는 무엇을 먹어야 할지를 진지하게 고민해야한다. 입맛이 끌리는 대로 아무것이나 편하게 먹는다면 내 육체와 삶은 어떻게 될까?

바지니는 음식이 '과시하는 방식', '유행(fashion)'이 되었다고 말한다. SNS에는 맛집을 다녀왔다는 자랑이 넘쳐 난다. 자신이 경험한 음식을 뽐내는 사람들을 보며 그들이 어떤 세계관을 가지고 있을지 생각해 보라. 맛집의 '가성비'를 논하는 것은 한참 뒤의 문제다. 먼저 따져 봐야 할 생각거리들은 다음과 같다.

"저런 음식을 먹으면 몸은 튼튼해지고 삶이 견실해질까?"

"SNS에 올린 먹거리에 끌려 더 많은 사람이 그것을 찾게 되면 세상은 더 바람직해지고 아름다워질까?"

좋은 맛집인지를 가리는 잣대는 이것이어야 한다. "취향은 논쟁의 대상이 아니다."라는 라틴어 속담은 틀렸다. 취향은 논쟁의 대상이며, 우리는 좋은 입맛을 갖추기 위해 끊임없이 노력해야 한다. 훌륭한 입맛을 기르려면 어떻게 해야 할까? 세상이 존경하는 위대한 사람들의 식단을 살펴보면 이 물음에 대한 답을 쉽게 찾을 수 있다.

히틀러의 독재자 기질은 채식 때문이다?

아돌프 히틀러 Adolf Hitler 는 채식주의자였다. 그는 고기를 전혀 먹지 않았다. 끼니마다 수분이 많은 채소를 양껏 으깨어 먹었다. 오스트리아 출신인 그의 요리사는 히틀러의 채식하는 모습을 늘 안쓰러워했다. 히틀러의 비서였던 트라우들 융에의 기억에 따르면, 요리사는 사람은 마땅히 고기를 먹어야 힘을 쓴다는 신념을 가지고 있었다. 그래서 총통 몰래 음식에 고깃국물을 넣기도 했다. 그때마다 히틀러는 소화가 잘 안 되었던 까닭에 이를 금방 알아챘고 불같이 화를 냈다고 한다.

이 점을 보면 히틀러는 체질적으로 육식이 몸에 안 맞는 사람이었던 듯싶다. 히틀러의 식습관은 채식주의를 공격하는 근거로 흔히 사용되곤 한다. "히틀러같이 타고난 채식주의자들도 잔인하고 흉측한 독재자가 되지 않던가? 그러니 육식이 사람들의 몸을 망가뜨릴뿐더러 심성을 사납게 한다는 믿음은 잘못되었다!"

하지만 융에게는 히틀러가 "친절한 아버지 같은 친구"였으며 재치 있고 유머도 넘쳤다고 한다. 그의 폭군 기질은 제1차 세계대전의 참전과 패배 경험에서 생긴 원한, 그리고 잘못된 정치적 소신 탓에 비롯됐을 가능성이 크다. 채식하고는 별 상관이 없다는 의미다. 제2차 세계대전이 끝나 갈 무렵, 괴팍하고 사나우며 미치광이 같았던 히틀러의 성격은 '약물' 탓일 가능성이 더 크다. 주치의는 황소에게서 뽑아낸 테스토스테론과 메타돈 등을 그에게 주입하곤 했다. '신경안정'과 '건강 증진'이라는 목적에서였다. 그러나 갈수록 히틀러는 약해졌으며 성격도 이상해졌다.

나치 군대가 계속 승승장구했어도 히틀러가 약물에 의존했을까? 그럴 것 같지는 않다. 사람들은 마음이 허하고 불안할 때 위안이 주는 음식에 매달리곤 한다. 이때 먹는 음식들은 하나같이 열량 높고 기름진 몸에 안 좋은 것들이다. 히틀러에게는 약물이 이런 먹거리 같지 않았을까? "건강한 육체에 건강한 정신이 깃든다"는 말은 상식에 가깝다. 마찬가지로 "건강한 생활이 건전한 식습관을 이끈다"는 말도 진실이다. 식습관을 다잡고 싶다면 생활부터 건강하고 바람직하게 가꾸어 나가야 한다.

디저트
Dessert

마인드풀 이팅

철학하듯 음식도 생각하며 먹어야 한다

왜 나는 식욕을 절제하지 못할까?

보디빌더(bodybuilder)의 식단에는 입맛 당기는 음식이 별로 없다.
닭 가슴살, 달걀흰자 등 단백질 덩어리가 그들의 주식이다. 탄산음
료, 라면, 아이스크림 등은 보디빌더들이 당연히 멀리하는 음식이다.
달고 기름진 음식을 즐겨 먹다간 튼실한 몸매가 금방 흐트러지는 탓
이다. 근육질의 단단한 몸을 유지하려면 철저하게 식습관을 관리해
야 한다.

그렇다면 우리도 '건강한 정신'을 지키려면 식습관을 '관리'해야
하지 않을까? 마음도 쉽게 음식의 영향을 받는다. 커피 한 잔, 술 한
잔만으로 사람의 기분은 쉽게 바뀐다. 만약 술을 매일같이 마신다면
성격이 어떻게 바뀔까? 탄산음료와 과자 같은 달고 짠 음식을 입에
달고 사는 사람과 채식을 하며 은은한 차[茶]를 즐기는 이의 심성은
비슷할까?

"내가 먹는 것이 곧 나다." 장 브리야사바랭의 이 유명한 메시지
는 진실에 가깝다. 실은 먹을 때 절제가 중요하다는 점을, 좋은 음식

을 가려 먹어야 한다는 사실을 모르는 사람은 거의 없다. 그런데 왜 우리는 달고 짠 먹거리의 유혹에 쉽사리 무릎을 꿇고 말까? 우리 주변에는 입맛대로 생각 없이 먹다가 불어난 체중에 충격받는 이들이 무척 흔하다. 그들 가운데 상당수는 얼마 못 가서 또다시 정신줄을 놓고 폭식에 빠져 후회하는 일을 거듭한다. 왜 그들은 식욕을 다스리지 못할까? 균형 있게, 적당하게 먹어야 한다는 사실을 알면서도 좀처럼 이를 실천하지 못하는 이유가 무엇일까?

음식 중독, 현대인의 만성질환

사람의 위는 자신의 주먹 정도 크기다. 많이 먹으면 위는 원래 크기의 다섯 배까지 늘어난다. 얼마나 먹을지는 위가 얼마나 채워졌는지에 따라 결정되곤 한다. 어느 정도 배가 차면 포만감이 드는 까닭이다. 그러나 많이 먹는 습관이 몸에 밴 사람은 좀처럼 배부름을 느끼지 못한다. 위가 늘어나 버렸기 때문이다. 그래서 늘 몸에 필요한 양보다 많이 먹게 된다.

우리 문명은 사람들의 위를 늘리는 쪽으로 나아가고 있다. 우리나라 최초의 냉장고는 금성사가 1965년에 내놓은 'GR-120'이다. 용량이 120L라서 제품명에 '120'이라는 숫자가 붙었다. 지금 파는 냉장고의 용량은 대부분 700~800L를 훌쩍 넘는다. 저장할 수 있는 음식물의 양이 7배 가까이 늘어난 셈이다. 그만큼 먹거리의 종류도 많아졌고 양도 풍성해졌다.

이런 상황에서 '적당히' 먹는 일은 쉽지 않다. 포만감은 그만 먹어야 한다는 사실을 일러 주는 몸의 '센서'다. 우리 사회에서 상품으로 팔리는 가공 음식들은 이 센서를 고장 내 버린다. 무슨 말일까?

자연 상태에서는 배부르면 먹기를 그친다. 하지만 값싸고 풍부한 먹거리에 둘러싸인 환경에서는 배가 가득 차도 계속 음식에 손길이 가게 마련이다. 이것들이 입에 당겨서다. 자연 상태에는 단맛과 짠맛, 기름진 맛을 한꺼번에 안기는 음식이 거의 없다. 반면에 가공된 음식은 이 셋을 한꺼번에 안긴다. 피자나 햄버거, 냉동 만두 등의 음식을 떠올려 보라. 자연 상태에 있는 물질은 좀처럼 '먹는' 중독을 일으키지 않는다. 중독을 일으키려면 가공 과정을 거쳐야 한다. 예컨대 포도는 일부러 대량으로 발효시키고 증류하지 않으면 와인으로 바뀌지 않는다. 양귀비 같은 마약 성분의 풀도 정제 과정을 거쳐 농도를 높인 뒤에야 중독성이 강해진다.

음식도 다르지 않다. 가공식품은 사람들을 '음식 중독'으로 이끈다. 앉은 자리에서 딸기 한 팩을 다 먹기는 쉽지 않다. 자연 그대로의 식품은 배가 어느 정도 차면 질리게 되어 있다. 하지만 딸기맛 과자 한 박스를 먹는 것은 훨씬 쉽다. 대부분 가공 음식의 주성분은 지방, 설탕, 밀가루, 소금이다. 여기에 초콜릿 향미를 입히면 초코파이가, 딸기향을 입히면 딸기맛 과자가 되는 식이다.

사실 향미료를 빼 버리면 우리가 먹는 가공 음식 대부분은 지방으로 튀겨 설탕을 입히거나 구운 밀가루에 소금을 친 것이다. '단짠' 음식은 마약처럼 우리 몸에 중독을 일으킨다. 여기에 입맛이 길들면 어지간해서는 벗어나기가 쉽지 않다. 쾌락의 순간에서 벗어났을 때 중독자들은 욕망을 다스리지 못하는 자신의 모습을 부끄러워한다. 음식 중독자들도 크게 다르지 않다. 그래서 우리는 늘어진 뱃살과 뚱뚱한 몸매를 감추려 한다.

> 나는 몸무게가 줄어드는 것이 자랑스러웠다. 그것은 내가 배고픔을 통제할 수 있고 '살이 찌는 음식'을 회피할 수 있다는 정신력과 다이어트 성공을 상징하는 지표였다. 하지만 그 당시의 나는 밤낮 가리지 않고 음식 생각에 사로잡혀 있었다. 결론적으로 모든 음식은 '살을 찌우는 음식'으로 다가왔고, 음식을 먹는 내가 나약하거나 실패한 것처럼 느껴졌다. 음식을 엄격히 통제하는 것을 포기하면 어떤 일이 벌어질지 너무 두려워 집요하게 통제를 포기하지 않았다.[18]

『음식이 아니라 마음이 문제였습니다』에 소개된, 살이 찌는 것에 대한 두려움 때문에 음식을 아예 끊어 버린 거식증 환자의 고백이다. 정도의 차이가 있을 뿐, 억누르지 못하는 식욕과 불어나는 체중에 대한 수치심을 안고 있는 이가 적지 않다. 음식 중독은 이제 현대인의 만성질환이라 할 만하다. 이런 세상에 살며 음식 스트레스에서 벗어나 건강한 몸과 마음을 지키려면 어떻게 해야 할까?

내 몸이 나와 분리된 사람이라면

20세기 영국의 천재 철학자 루트비히 비트겐슈타인Ludwig J. J. Wittgenstein은 한동안 스위스 치즈와 호밀빵만 먹었다. 친구의 부인이 어느 날 메뉴로 이것들을 내놓자, 그는 앞으로 이 두 음식만 먹겠다고 고집했다. 비트겐슈타인은 "같은 것을 먹을 수만 있다면 무엇을 주어도 상관없다."라고 말했다. 엄격한 수도원에서는 매끼 음식의 종류와 수를 제한해 놓는다. 먹거리에 신경 쓰느라 신(神)을 생각하고 기도하는 시간이 줄어들까 두려워서다. 비트겐슈타인도 마찬가지였다. 그는 무엇을 입고 먹을지를 고민하느라 철학적인 사색에 들일 노력을 놓쳐 버릴까 봐 걱정했다.

프랑스의 소설가 오노레 드 발자크Honoré de Balzac는 커피를 작품 창작을 위한 '연료'처럼 마셨다. 학자들에 따르면, 그는 하루에 무려 50잔씩 커피를 마셨단다. 심지어 하루 100잔을 마셨다는 주장도 있다. 발자크는 글쓰기를 위해 커피를 '복용'했다. 발자크가 쏟아 낸 작품 수는 엄청나다. 장편소설만 100여 편에 이를 정도다. 1830~1848년에는 소설만 100편을 남겼고, 1830·1831년 두 해 동안은 신문 칼럼·에세이 등 145편에 이르는 각종 글을 써 댔다. 발자크는 피로한 정신을 깨우는 데 커피만 한 것이 없다고 여겼다. 그가 커피를 마시면 "비유법의 기갑부대가 어마어마한 화약을 배달하고, 전차와 탄약으로 무장한 논리의 포병이 뛰기 시작하며, 위트의 축이 명사수의 자세로 꼿꼿이 일어서며 (…) 종이는 잉크로 뒤덮이기 시작"했다.

비트겐슈타인과 발자크에게 먹고 마시는 일은 생산을 위한 연료 주입 정도의 의미밖에 없었다. 이런 모습이 과연 바람직할까? "먹는 법을 아는 것은 사는 법을 아는 것이다." 프랑스의 요리사 오귀스트 에스코피에Auguste Escoffier의 말이다. 식사는 삶의 중요한 일부분이다. 같이 밥을 먹으며 대화하고, 식탁을 차리고 가꾸어 나가면 집안이 좀 더 살 만하게 바뀌지 않던가. 음식을 연료로만 다룬다면 이 모든 '인간다운 면모'가 사라져 버릴 테다. 그렇다면 음식을 '몸매 관리' 차원에서만 바라보는 것은 어떤가? 매일 체중이 늘까 봐, 살이 찔까 봐 전전긍긍하며 먹거리를 병적으로 멀리한다면? 이 또한 바람직해 보이지 않는다.

> 만약 내 몸이 나와 분리된 사람이었다면 지난 15년 동안 내가 준 고통에 대해 사과하고 싶은 마음이었다. 내 몸은 절대 그런 대접을 받을 만한 짓을 하지 않았고, 그저 내 머릿속 생각들로 인한 피해자였다고 말하고 싶다.[19]

앞서 소개한 책에 실린 또 다른 거식증 환자의 후회다. 내 몸을 나와 분리된 사람이라고 생각해 보라. 그렇다면 나는 '이 사람'에게 어떤 음식을 대접하고 있는가? 노예처럼 혹사하기 위해 몸에 무리가 가는 음식을 입에 억지로 욱여넣고 있지는 않은가? 일부러 굶김으로써 병약한 상태로 몰아넣고 있지 않는가? 노예가 되어 버린 몸을 갖고 있는 내가 행복할 리 없다. 가리지 않고 입맛 당기는 대로 음식을 집어넣는 몸을 가진 나의 삶이 건강할 리 없다. 그렇다면 우리는 어떻게 먹어야 할까?

배고픔의 감각을 회복하라

중독된 삶을 다시 세우는 첫걸음은 중독을 끊어 내는 일이다. 무엇보다 설탕, 밀가루, 지방, 소금으로 범벅이 된 음식에서 벗어나야 한다. 프랑스의 수필가 도미니크 로로Dominique Loreau는 패스트푸드를 먹더라도 격식을 갖춰 상을 차리라고 충고한다. 그는 "한 끼 식사의 50%는 음식 맛에 있고, 50%는 어떻게 담아내느냐에 달려 있다"고 강조한다. 접시에 음식을 놓고 천천히 맛을 즐기며 먹어 보라. 천천히 위에 들어간 음식은 뇌가 포만감을 즐길 시간을 충분히 준다. 그래서 허겁지겁 먹을 때처럼 폭식을 하지 않게 된다.

거의 모든 고급문화에는 나름대로 까다로운 식사 규칙이 있다. 상차림부터 식기 배열까지 격식에 맞춰야 한다. 이렇게 조심스레 상을 차리면 생각 없이 음식을 먹는 일이 줄어들 테다. 나아가 인도의 정치인 모한다스 카람찬드 간디Mohandas Karamchand Gandhi는 이렇게 말했다. "약을 먹듯 음식을 드십시오. 맛이 좋은지 나쁜지를 따지지 말아야 합니다. 몸에 필요한 만큼만 먹으면 됩니다. 더 맛있게 하거나 재료의 밋밋함을 없애려고 소금을 치는 일도 옳지 못합니다."

중국요리에서 상어 지느러미, 새 둥지 등은 최고의 식재료로 꼽힌다. 놀랍게도 이런 먹거리들은 아무 맛이 없다. 입맛이 고급인 이들은 맛을 섬세하게 가려서 즐길 줄 안다. 반면에 단짠에 길든 입맛은 훌륭한 음식을 좀처럼 가려내지 못한다. 진짜 딸기보다 딸기맛 과자를 더 좋아하는 식이다. 밋밋해진 음식에 맛을 주려 자극을 더하고, 이 또한 시들해지면 더 큰 자극을 끌어들인다. 이럴수록 음식에는 더 많은 설탕과 소금, 향료가 들어갈 테다.

그러나 채소를 좋아하는 사람치고 음식 중독자인 경우는 드물다. 불교에서는 고기뿐 아니라 마늘, 달래, 파, 부추, 홍거 등 오신채도 빼고 음식을 조리하라고 권한다. 이것들이 마음을 어지럽게 하며 흥분시킨다고 여기기 때문이다. 혀에만 좋은 양념 맛을 내려놓고 내 몸에 대접한다는 심정으로 음식을 먹어 보라.

일부 종교에는 금식(禁食) 기간이 있다. 문제가 복잡하게 꼬여 있을 때는 무작정 달리기보다 멈춰 서는 것이 더 효과적이다. 단짠에 길든 입맛에서 벗어나려면 익숙한 환경에서 벗어나는 것도 한 방법이다. 마케도니아의 알렉산드로스대왕Alexandros은 음식을 맛있게 먹는 방법을 이렇게 충고했다. "저는 스승님께 가장 좋은 식사법을 배웠습니다. 나아가 (스승님은) 아침을 맛있게 먹으려면 야간 행군을 하면 되고, 저녁을 맛있게 먹으려면 아침을 적게 먹으면 된다고 말씀하셨습니다."

소파에 편안하게 늘어져 지내면서 건강한 식습관을 갖길 바라는 것은 무리다. 훌륭한 식습관은 좋은 생활의 결과이기도 하다. 일상을 건강하게 가꾸면서 배고픔이 찾아들 때까지 먹지 않으며, 몸이 무엇을 원하는지에 귀 기울이기. 식습관의 모범이 될 만한 대가(大家)들의 식사법은 이 한 문장으로 정리될 듯싶다.

철학하듯 음식을 먹어야 하는 이유

타조 500마리의 뇌로 만든 요리, 말하는 앵무새 5,000마리의 혀로 만든 수프…. 듣기만 해도 소름 끼치는 먹거리들이다. 로마 시대 귀족들의 식탁에는 이런 음식들이 실제로 올라왔다고 한다. 맛보다는 과시를 위한 요리다. 변태적으로 느껴질지 모르겠지만, 우리의 현실도 별다르지 않다.

삼계탕용 닭의 무게는 550g 정도다. 이만한 몸집이면 탕을 끓이는 용기에 딱 맞게 들어간다. 닭이 500g의 몸무게가 나갈 때까지 키우는 데는 20여 일밖에 걸리지 않는다. 닭의 입장에서는 태어난 지 한 달도 안 되어 죽임을 당하는 셈이다. 이런 닭이 맛있을까? 우리는 단지 '닭 한 마리를 오롯이 다 먹었다'는 뿌듯함을 느끼기 위해 소중한 생명을 희생시키는 짓을 하고 있는 건 아닐까? 팔리는 식재료의 절반 정도는 시장에 나오지도 못한 채 버려진다. 흠집이 있거나 때깔이 곱지 않아 상품성이 떨어진다는 이유에서다. 이렇게 보면 현대인의 식생활도 로마 시대만큼이나 변태적이다.

이제 책을 마무리 지어야 할 시점이다. "조국을 위해 무엇을 할지 고민하지 마라. 차라리 점심으로 무엇을 먹을지 고민하라."〈시민 케인Citizen Kane〉(1941)을 찍은 미국의 영화감독 오슨 웰스Orson Welles는 이렇게 사람들을 다그쳤다. 그릇에 담긴 음식이 된 동물들의 삶을 떠올려 보자. 수저를 열심히 놀리며 맛있게 먹을 수 있는가? 조금이라도 흠집이 난 먹거리들은 버려진다는 사실을 알고 있어도, 그 때문에 많은 자원이 소모되고 세상에 여전히 굶주리는 이가 많다는 사실을 알고 있어도 식재료의 외양에 집착할까?

"살아지는 대로 살지 말고, 살아져야 하는 대로 살아라."라는 말은 철학자들이 가슴에 품고 사는 신조다. 되는 대로 살다 보면 삶은 욕망에 휘둘리다가 어느덧 나락으로 떨어지기 일쑤다. 식습관도 다르지 않다. 철학(philosophy)하듯 음식도 생각하며 먹어야 한다. 나는 이를 '마인드풀 이팅(Mindful Eating)'이라는 말로 부르고 싶다. 혀에 맛있는 것이 몸에 꼭 좋지만은 않다. 삶을 훌륭하게 가꾸는 이들은 자신의 삶과 세상을 올곧고 아름답게 만드는 음식을 맛있게 느낀다. 이를 위해서는 무엇이 진정 맛있는지에 대한 새로운 감각을 익혀야 한다. 이는 '철학하듯' 끊임없이 성찰하고 반성하며 마음을 담아 먹는 과정을 통해야만 가능한 일이다. 마지막으로 레오나르도 다빈치

Leonardo da Vinci 의 『코덱스 아틀란티쿠스Codex Atlanticus』에 적혀 있는 음식 철칙을 살펴보자.

1. 배고플 때만 먹고 가벼운 음식으로 만족할 것

2. 잘 씹어 먹고 훌륭하게 요리된 단순한 것만 먹을 것

3. 먹은 후에는 쉴 것

4. 분노와 더러운 공기는 피할 것

5. 식탁을 떠날 때는 좋은 태도를 유지할 것

6. 점심 식사 후에는 낮잠을 자지 말 것

7. 술은 물을 섞어 조금만 마실 것

8. 저녁 식사를 기다리며 술을 마시지 말 것

9. 변소 가는 일을 미루지 말 것

10. 항상 이 규칙을 지킬 것

다빈치는 이런 음식 철칙을 평생 지키려 노력했다. 그대에게는 어떤 식사 규칙이 있는가? '헥시스(hexis)'란 '습관'을 일컫는 고대 그리스어다. 이는 생각 없이 그냥 하던 대로 하지 않고 지금까지 해 온 습관이 올바른지를 따지면서 계속 이렇게 해야 하는지, 새롭게 다른 방식의 생활 태도를 갖춰야 하는지 묻는 자세를 뜻한다. 풍요의 시대, 그대에게도 우리 사회에도 새로운 식습관과 음식 문화가 필요한 때다. 충실하게 마음을 담아 먹으며 그대의 삶을 가꾸어 갈 일이다.

1. 멜라니 뮐·디아나 폰 코프, 『음식의 심리학』, 송소민 옮김, 반니, 2017, 116쪽.

2. 신승철, 『식탁 위의 철학』, 동녘, 2012, 130쪽.

3. 헬렌 니어링, 『헬렌 니어링의 소박한 밥상』, 공경희 옮김, 디자인하우스, 2001, 198쪽.

4. 하이드룬 메르클레, 『식탁 위의 쾌락』, 신혜원 옮김, 열대림, 2005, 200~201쪽.

5. 헬렌 니어링·스콧 니어링, 『조화로운 삶』, 류시화 옮김, 보리, 2000, 227쪽.

6. 제인 구달, 『희망의 밥상』, 김은영 옮김, 사이언스북스, 2006, 13쪽.

7. 대안 스님, 『마음의 살까지 빼 주는 사찰 음식 다이어트』, 랜덤하우스코리아, 2004, 31쪽.

8. 존 로빈스, 『존 로빈스의 음식 혁명』, 안의정 옮김, 시공사, 2002, 485쪽.

9. 마빈 해리스, 『음식 문화의 수수께끼』, 서진영 옮김, 한길사, 2018, 135쪽.

10. 장 앙텔므 브리야사바랭, 『리야사바랭의 미식 예찬』, 홍서연 옮김, 르네상스, 2004, 396쪽.

11. 레이철 로던, 『탐식의 시대』, 조윤정 옮김, 다른세상, 2015, 511쪽.

12. 플로랑 켈리에, 『제7대 죄악, 탐식』, 박나리 옮김, 예경, 2011, 194쪽.

13. 뤼트허르 브레흐만, 『리얼리스트를 위한 유토피아 플랜』, 안기순 옮김, 김영사, 2017, 29쪽.

14. 마틴 코언, 『음식에 대한 거의 모든 생각』, 안진이 옮김, 부키, 2020, 118쪽.

15. 심란 세티, 『빵 와인 초콜릿』, 윤길순 옮김, 동녘, 2017, 115쪽.

16. 줄리언 바지니, 『철학이 있는 식탁』, 이용재 옮김, 이마, 2015, 274쪽.

17. 김석신, 『나의 밥 이야기』, 궁리, 2014, 38쪽.

18. 캐롤린 코스틴·그웬 그랩, 『음식이 아니라 마음이 문제였습니다』, 오지영 옮김, 메이트북스, 2018, 11쪽.

19. 캐롤린 코스틴·그웬 그랩, 앞의 책, 342쪽.

북트리거 포스트

북트리거 페이스북

식탁은 에피쿠로스처럼

탐식이 괴로운 이들을 위한 음식 철학

1판 1쇄 발행일 2021년 10월 1일

지은이 안광복
펴낸이 권준구 | 펴낸곳 (주)지학사
본부장 황홍규 | 편집장 윤소현 | 팀장 김지영 | 편집 양선화 박보영 이인선
디자인 정은경디자인
마케팅 송성만 손정빈 윤술옥 이혜인 | 제작 김현정 이진형 강석준 방연주
등록 2017년 2월 9일(제2017-000034호) | 주소 서울시 마포구 신촌로6길 5
전화 02.330.5265 | 팩스 02.3141.4488 | 이메일 booktrigger@naver.com
홈페이지 www.jihak.co.kr | 포스트 http://post.naver.com/booktrigger
페이스북 www.facebook.com/booktrigger | 인스타그램 @booktrigger

ISBN 979-11-89799-58-8 (03100)

북트리거

트리거(trigger)는 '방아쇠, 계기, 유인, 자극'을 뜻합니다.
북트리거는 나와 사물, 이웃과 세상을 바라보는 시선에 신선한 자극을 주는 책을 펴냅니다.